Rache ist süß.

„Geben Sie mir den ‚Wahren Jacob‘!“
„Bedaure, den kenne ich leider noch gar nicht.“
„Das ist Ihr Glück, sonst hätte ich mir mein Löschblatt anderswo gekauft.“

Zeichnung von Rud. Wolf.

Für Angelika und Nele

Ein halbes Jahrhundert
in Faksimiles

Herausgegeben und eingeleitet
von Udo Achten

Verlag J.H.W. Dietz Nachfolger GmbH
Bonn

Die Deutsche Bibliothek – CIP-Einheitsaufnahme

Der wahre Jacob: illustrirtes humoristisch-satirisches Monatsblatt; (ein halbes Jahrhundert in Faksimiles) / hrsg. und eingeleitet von Udo Achten. – Bonn: Dietz. 1994
ISBN 3-8012-0219-4
NE: Achten, Udo (Hrsg.)

In der Raste 2, D-53129 Bonn
Einbandgestaltung: Manfred Waller
unter Verwendung von Faksimiles
zweier Titelblätter aus „Der wahre Jacob“
(zum Text auf dem Titelblatt vgl. auch S. 119)
Lithografie: Litho Köcher, Köln
Druck und Verarbeitung: Kösel-Druck, Kempten

Printed in Germany 1994

Inhalt

Der wahre Jacob

Einleitung

»Die ersten schweren Böen des Ausnahmegesetzes gegen die Sozialdemokratie waren über das Land gestoßen. Hart waren sie in das Laub des stolzen Baumes der Partei gefahren, aber – der Stamm selber beugte sich nicht, und von seinen tief in's Erdreich greifenden Wurzeln rührte sich keine. Im Gegenteil: an Hamburgs Wasserkante, allwo steinpöttiges Niederdeutschentum sich vom schlechten Wetter durchaus nicht um die gute Laune bringen läßt, wurde unter den ersten Hagelschauern des Schandgesetzes, im Jahre 1879, »der Wahre Jacob« geboren, ein sozialistisches Witzblatt, dessen Aufgabe sein sollte, mit der Waffe der Satire wider Monarchie und Mammonismus anzugehen.« So launig und selbstbewußt zugleich blickte der Redakteur Friedrich Wendel 1929 im Abstand eines halben Jahrhunderts auf die Anfänge des lange Zeit populärsten Satireblatts der Deutschen zurück.[1] Die Anfänge unter Zensur und Obrigkeitsdruck waren schwer, doch 1884, nach dem Neuanfang im Dietz-Verlag in Stuttgart, ging es steil bergauf. In kürzester Zeit erreichten die Verkaufszahlen des zunächst monatlich, später vierzehntägig erscheinenden Blattes legendäre Höhen und übertrafen schon bald alle anderen vergleichbaren Zeitschriften, auch den heute noch oft genannten »Simplicissimus«, um ein Vielfaches.

»Der Wahre Jacob« war eine der massenwirksamsten Zeitschriften der Sozialdemokratie und eine der populärsten humoristisch-satirischen Zeitschriften in Deutschland überhaupt.[2] Daß man heute in fast jeder größeren Bibliothek zwar komplette Jahrgänge des »Simplicissimus«, kaum aber des »Wahren Jacob« findet, hat wenig mit künstlerischer Qualität, Sammlerwert und Massenwirkung, aber viel damit zu tun, wer damals welche Zeitschrift las und auf die Idee kam, sie aufzubewahren. Zu fragen wäre ja nicht nur, wie es um die Lagerungsmöglichkeiten von Zeitschriften in Arbeiterhaushalten bestellt war, die, oft genug dem Broterwerb hinterherziehend, den Umzugskarren nicht mit unnötigem Ballast beschwerten. (Und wie heißt es doch im Volksmund, der hier die berufene Stimme ist: Dreimal umgezogen ist einmal abgebrannt.) Zu bedenken ist auch, daß jedes Exemplar des »Wahren Jacob« von mindestens sechs Personen gelesen und häufig auch an (noch) weniger Betuchte weitergegeben wurde. Jedenfalls gehören Einzelnummern (und erst recht aufgebundene Jahrgänge) dieser anfangs ganze 10 Pfennige billigen Satirezeitschrift für die Massen, die in ihrer Blütezeit eine Auflage von fast 370.000 Exemplaren verkaufte – im Vergleich zu gerade einmal 90.000 Exemplaren des »Simplicissimus« –, heute zu unbezahlbaren Raritäten.

Die Anfänge, die Redakteur Wendel in der Festschrift zum 50jährigen Erscheinen so bildhaft ausschmückte, waren nicht leicht. Das Vorhaben des Hamburger Druckerei-

1 Friedrich Wendel, Aus der Geschichte des Wahren Jacob, in: 50 Jahre Wahrer Jacob. Eine Festschrift. Berlin: J.H.W. Dietz Nachf., 1929, S.2

2 Hans-J. Schütz, Einleitung, in: Der Wahre Jacob. Ein halbes Jahrhundert in Faksimiles, Berlin/Bonn: Dietz 1977, S.VII

Die Stützen der Gesellschaft.

Der wahre Jacob 1902

leiters Johann Heinrich Wilhelm Dietz, unter dem 1878 in Kraft getretenen »Gesetz gegen die gemeingefährlichen Bestrebungen der Sozialdemokratie«, auf dessen Konto allein die Einstellung von 42 sozialdemokratischen Zeitschriften ging, ein neues satirisches Monatsblatt zu gründen, ist im Rückblick geradezu kühn zu nennen. Die satirischen Zeitungen der Arbeiterbewegung bewegten sich unter dem »Anti-Sozialistengesetz« (Willy Brandt) auf einem schmalen Grat zwischen Illegalität und legaler Agitation. Stets waren sie vom Verbot bedroht, wie zum Beispiel der 1885 in München verlegte »Blitz«, der nach Meinung der Obrigkeit die Eintracht der Bevölkerungsklassen gefährdete und auf einen Umsturz der bestehenden Staats- und Gesellschaftsordnung ausgerichtet war.[3] Wie empfindlich die Obrigkeit gerade auf Ironie und Satire reagierte, kann man auch an der Ausweisung der Redaktion des »Sozialdemokraten«, der illegalen Zeitung der in Deutschland verbotenen sozialdemokratischen Partei ablesen. Die Ausweisung aus Zürich erfolgte auf Betreiben Bismarcks genau in dem Augenblick, als dem »Sozialdemokraten« das satirische Beiblatt »Der Rothe Teufel« zur Seite gestellt wurde.[4]
Den bürgerlichen humoristischen Zeitschriften drohte solches Ungemach nicht. Die eingeführten Witzblätter waren damals der »Kladderadatsch«, das Lieblingswitzblatt des Bürgertums, 1848 gegründet, zuerst stramm links-demokratisch, dann sanft nationalliberal, ab 1866 für Preußens Heer hochbegeistert, ab 1871 getreuer Schildknappe Bismarcks. Ihm folgten die »Wespen« unter Julius Stettenheimer und die Münchner »Fliegenden Blätter«, die ihre 1848 verfolgten demokratischen Ideale schon in den 50er Jahren eingemottet hatten und nur noch behaglichen, beziehungslosen Humor pflegen wollten.

Der zunächst von Wilhelm Blos (1849-1927), dem sozialdemokratischen Reichstagsabgeordneten, Verfasser überaus populärer historischer Bücher und späteren württembergischen Staatspräsidenten, geleitete »Wahre Jacob« sollte zwar eindeutig parteilich sein, mußte sich offener Propaganda für die eigene Sache jedoch enthalten und seine Kritik der Zustände humoristisch verpacken. Zielsicher nahm er die Bücklinge des liberalen Bürgertums vor der repressiven Bismarckpolitik aufs Korn und machte sich über die bürgerliche Furcht vor der Arbeiterbewegung lustig. Den Augen der Obrigkeit entging das in geringer Auflage erscheinende schmale Blättchen nicht. Im März 1881 wurde es verboten, nachdem Blos und Dietz schon ein halbes Jahr zuvor aus Hamburg ausgewiesen worden waren.

Knapp drei Jahre später, am 2.Januar 1884, erschien dann »Der Wahre Jacob« als »Illustriertes humoristisch-satirisches Monatsblatt« im zwischenzeitlich in Stuttgart gegründeten Verlag J.H.W. Dietz. Seine Beliebtheit wuchs rasch.

Der wahre Jacob ist da!

Der wahre Jacob 1893

3 Staatsarchiv München, RA Fasz. Nr.5780. Bericht der Kgl. Polizeidirektion München 1887.

4 Zum »Rothen Teufel« vgl. Den Ausstellungskatalog »Die spitze Feder. Ironie und Satire als Waffe der Arbeiterbewegung« hg. Von Udo Achten, Düsseldorf: WI-Verlag 1981

Der wahre Jacob 1922

Der wahre Jacob 1905

Nach dem Fall des Sozialistengesetzes 1890 ging es mit der Auflagenzahl des Blattes steil aufwärts. Bis 1914 stieg sie auf 366.000 Exemplare. Damit war »Der wahre Jacob« vor dem Ersten Weltkrieg die auflagenstärkste Zeitung der SPD. Man erreichte mit ihm nicht nur Partei und Gewerkschaftsmitglieder, sondern zeitweise fast ein Drittel aller SPD-Wähler.

Die Bedeutung der satirischen Zeitungen für die Entwicklung und Verbreitung der Arbeiterliteratur war enorm.[5] In der Festschrift zum 50jährigen Jubiläum des »Wahren Jacob« schreibt Friedrich Wendel dazu: »Die ‚Unterhaltungsbeilage' des ‚Wahren Jacob' ... gab mustergültige Abhandlungen, geschrieben von den ersten Autoren des sozialistischen Schrifttums, über geschichtliche und soziologische Themen; Aufsätze über Dichter und Denker vervollständigten das Programm dieser Beilage. Was Rang und Namen hatte, stellte sich dem ‚Wahren Jacob' zur Verfügung.«[6] Zu den auch heute noch bekannten Mitarbeitern, Autoren und Zeichnern gehörten damals Erich Mühsam, Arno Holz, Ludwig Frank, Ernst Preczang, Viktor Adler, Paul Enderling, Hans Hyan, Roda Roda, Kurt Eisner, Franz Mehring, und Wilhelm Liebknecht.

»Der Wahre Jacob« erfreute sich der besonderen Aufmerksamkeit seines Verlegers Heinrich Dietz, der das Blatt als sein persönliches Werk betrachtete und zumeist sogar selbst redigierte. Diese Zuneigung hatte ihren Grund sicher aber auch darin, daß Dietz mit dieser Zeitung das Geld erwirtschaftete, das ihn seine anderen Zeitschriften (wie z.B. das Theorieorgan »Die Neue Zeit« oder »Die Gleichheit«) und seine sozialistische Literatur zeitweilig kosteten.[7] Schon vor dem Ersten Weltkrieg war »Der Wahre Jacob« dann allerdings zunehmend auf Einkünfte aus dem Anzeigengeschäft angewiesen, das er zuvor stets aus prinzipiellen Gründen abgelehnt hatte. Während des Ersten Weltkriegs ging die Auflage des »Wahren Jacob« stark zurück, blieb aber immer noch in einsamen Höhen. Erst in der Hochphase der Inflation läutete sein Totenglöckchen. »Im Oktober 1922 kostete eine Nummer des ‚Wahren Jacob' 10 Mark, gegen Ende des Jahres hatte sich der Preis verzehnfacht. Die Mai-Nummer des Jahres 1923 kostete schon 225 Mark, im August desselben Jahres stürmte der Preis für eine Nummer in schneller Folge auf 4.800 Mark und auf 60.000, dann auf 120.000 Mark, dann gings in die Millionen. Aus den Arbeiterhäusern verschwand alles, was nicht unbedingt nötig war zur Fristung des nackten Lebens. Als eine Nummer des ‚Wahren Jacob' 20 Millionen Mark kostete, entschloß sich der Verlag, das Blatt eingehen zu lassen.«[8]

Das Blatt verabschiedete sich von seinen Lesern mit einem Gedicht:

> Dies ist des »Jacobs« letzte Nummer!
> Er starb an keinem Staatsanwalt,
> Es macht kein Paragraph ihn kalt,
> Er legte sich zum Winterschlummer,
> bedrängt vom Wucherergebot,
> Erdrosselt von der Zeiten Not!
> ...
> Was hilft's? Er wird noch mal erwachen
> Und meldet sich mit frischem Ton,
> Auf Wiedersehn! die Redaktion![9]

Das war hellsichtig. Schon nach kurzer Zeit erschien an Stelle des »Wahren Jacob« das »republikanische Witzblatt« »Lachen links«[10], und vier Jahre später wurde der »Wahre Jacob« wieder unter seinem alten Namen ins Leben gerufen.

Konjunktur und Krise – und damit die ökonomischen Risiken in den Arbeiterhaushalten – spiegeln sich auch in den Abonnentenzahlen des Wahren Jakobs wider. Schon die zyklischen Krisen vor dem Ersten Weltkrieg waren am »Wahren Jacob« nicht spurlos vorübergegangen. Hinzu kamen auch konzeptionelle Schwächen, vor allem nach der Spaltung der Sozialdemokratie durch die Burgfriedenspolitik der Mehrheit. Weder von der Ausstattung noch von der Qualität der Beiträge und Zeichnungen konnte er

5 vgl. Dazu Klaus Völkerling, Die politischen satirischen Zeitschriften »Süddeutscher Postillon« (München) und »Der Wahre Jacob« (Stuttgart), Diss., Zwickau 1969, S. 427

6 Friedrich Wendel, 50 Jahre Wahrer Jacob, S.5

7 Vgl. hierzu Heinrich Cunow, Heinrich Dietz, in: Die Neue Zeit, 40/1922, Bd.2, S.553f

8 Friedrich Wendel, 50 Jahre Wahrer Jacob, S.7

9 Der Wahre Jacob, 12.10.1923

Das Hamburgische Wappen unter dem kleinen Belagerungszustand. (Aus dem „Wahren Jacob" Nr. 12, 1880.)

zunächst das Niveau der Vorkriegszeit erreichen. Das änderte sich zwar nach der Wiederbelebung 1928, allerdings war ihm inzwischen auch starke Konkurrenz durch die von den Kommunisten herausgegebene »Arbeiter-Illustrierten-Zeitung« erwachsen, die sich – anders als der »Wahre Jacob« – auch dem neuen Mittel der Fotomontage öffnete. Dennoch blieb »Der Wahre Jacob« bis zu seinem endgültigen Verbot im März 1933 das populärste Blatt unter den satirischen Zeitschriften der Republik.

Die Anfänge des »Wahren Jacob«

»Die kleine Freiheit«

Hamburg 1879. Das Anti-Sozialistengesetz bedrohte die Verbreitung sozialistischer Druckschriften mit schweren Strafen. Im Verlag der von Heinrich Dietz geleiteten Hamburger Genossenschaftsdruckerei gibt Wilhelm Blos die erste Nummer der illustrierten humoristisch satirischen Zeitung »Der Wahre Jacob« heraus. Der Sozialdemokrat Dietz hatte die Genossenschaftsdruckerei pro forma in eigenen Besitz übernommen, um damit eine drohende Beschlagnahme zu unterlaufen, doch 1880 mußte man wegen des ‚kleinen Belagerungszustandes' im preußischen Hamburg ins liberalere Stuttgart überwechseln.

Die Namensgebung des Blattes markiert die Zeiten, in denen es entstand. Einerseits waren Blos und Dietz gezwungen, einen von den Behörden nicht angreifbaren Titel zu wählen. Andererseits sollte die Doppeldeutigkeit von der Leserschaft verstanden werden. So übernahmen sie eine damals sehr gebräuchliche Redewendung. Der wahre Jakob bezeichnete im Volksmund einen Mann, der sich durch Mutterwitz, treffende, witzige Bemerkungen und gesunden Menschenverstand auszeichnete. Die Wahl mag vielleicht auch von einem bürgerlichen Vorläuferblatt gleichen Namens angeregt worden sein, das Blos bekannt war. Dieser »Wahre Jacob« erschien 1867-71 in Frankfurt.[11]

Der wahre Jacob.

Ein gemüthliches Mainlinienblatt ohne Wasserzeichen, zum Gradausschreiben; auf beiden Seiten zu gebrauchen.

№ 11. Frankfurt a. M., 34. März 1867. Erster Jahrgang.

Der „wahre Jacob" erscheint viermal in jedem Monat und kostet vierteljährlich 36 Kreuzer. Für auswärtige Abonnenten tritt der betreffende Postaufschlag hinzu. — Die einzelne Nummer kostet 3 Kreuzer.

so erlääw ich merr an unsern Herrn Polezeirath Caspar hiemit die öffentlich Na-frag, ob e Prolog, wie dem Dokter Sigismund Zirndorffer seiner uff dem König von Preuße sein sibbzigjährigste Geburtsdag, in poetischer Hinsicht nicht als Majestätsbeleidigung zur Unnersuchung an die Staatsanwaltschaft zu verweise wär? — Gucke Se, der Dokter Zirndorffer is zwar der beste Mensch von der Welt, wann er schläft, awwer wann er for sein König nix bessersch hat gehat, als den Prolog, da hätt der Sigismund gescheiter sei Sigismaul gehalte. Daderrmit is es net genuch, daß das Fleisch willig is, der Geist muß ääch schwach sei. — Hawwe Se dann den Prolog mit Uffmerksamkeit gelese? Nää? — No, ich kann's Ihne net iwwel nemme. — Ich muß mich awwer hiemit als alter langjähriger Represendant der Vatterstadt Göthe's un dem Sitz des freien deutschen Hochstifts, in des am ehrschte Janewar achtzehhunnert fünfunsechzig sämmtliche damalige Bundesdagsgesandte als Meister sin uffgenomme warn, feierlich verwahrn, als ob dem Dokter Sigismund Zirndorffer ääch nor e äänziger hiesiger Berjer an dere Poesie geholfe hätt. Jetzt basse Se emal uff:

„Sein Silberhaupt prangt noch in frischen Kränzen."

Also der König von Preuße hat e Haupt von Silber? Des wär em lääd, wann's wahr wär, dann des mögt em doch e bissi zu schwer wern. Vermuthlich hawwe dem kihne Dichter die neue preußische Dhaler vor der Fantasie geschwebt; uf dene hat der König allerdings e Haupt von Silber. Nicht so befähigte Talente, wie der Dokter Zirndorffer, hätte vielleicht geschriwwe: Sein Silberhaar prangt noch in frischen Kränzen. — Awwer ich kann merr denke, wie der Dokter Zirndorffer zu dem Silberhaupt komme is. Der Prolog war for Homborg bestimmt un e Landgraf von Homborg hat emal e silwern Bää gehat. — Der Götz von Berlichinge mit der eiserne Hand is ääch e historisch Dhatsach, — awwer e König mit em e silwerne Haupt war bis jetzt noch nicht dagewese. Silwerne Kinnlade sin schon vorkomme, — ääch silwerne Nase, awwer ganze silwerne Häupter bei lewendigem Leib, des sin Gebilde einer krankhaften Fantasie un gehörn in die „goldern Kopfapothek" zu Frankfort am Mää. Dadergege find' ich die Stell in derselwe Stroph sehr poetisch:

„Der ‚Wahre Jacob' gefällig, Herr Baron? Spezial-Junker-Nummer, sehr interessant und amüsant, nur zehn Pfennige, Herr Baron!"

Der wahre Jacob 1905

Andere zeitgenössische Satireblätter nannten sich »Johannes Käfer, Organ zur Beleuchtung und Belehrung«, »Das Lämplein« oder »Der Nußknacker«. Sie versuchten – wenn auch nicht immer erfolgreich – die

10 Lachen Links. Das republikanische Witzblatt. Herausgegeben und eingeleitet von Udo Achten, Bonn: J.H.W. Dietz Nachf. 1985

11 Der Wahre Jacob, 1867-1871, in: Werkverzeichnis Friedrich Stolze, Liechtenstein 1983, S.50

Des Fürsten Traum.

Er träumt so schön von Sieg und Schlacht,
Von hohem Heldentume,
Er sieht sein Haupt so hell umglänzt
Von welthistorischem Ruhme.

Just hat ihn aus dem Schlaf geweckt
Der Siegstrompeten Blasen –
Gefehlt . . . sein Leibschimpanse hat
Gekitzelt ihm die Nasen.

Der wahre Jacob 1903

staatliche Zensur zu unterlaufen und diese gleichzeitig auf die Schippe zu nehmen. Das humoristisch-satirische Monatsblatt von Blos und Dietz sollte seinen Lesern den Rücken stärken, als Begleiter im Kampf trotz Sozialistengesetz. In der Nummer 7 des »Wahren Jacob« von 1880 heißt es in dem Gedicht »Das hat man davon«:

> Ich wünsch' den Sieg für Deine Rechte;
> Du aber denke, geht es schief,
> man siegt mit Mut nur im Gefechte,
> und bück' nicht wieder dich zu tief!

Die »kleine Freiheit« in Hamburg währte nicht lange. Zehn Nummern erschienen, bis die Obrigkeit das Blatt im März 1881 verbot. In der vorliegenden Auswahl werden erstmals Ausgaben des Hamburger »Wahren Jacob« nachgedruckt, von dem bisher keine Exemplare auffindbar waren.

Unterm Sozialistengesetz (1878-1890)

»... und ausgelacht noch obendrein«

Ein Autodafé.

1884 erblickt »Der Wahre Jacob« in Stuttgart wieder das Licht der Welt. Kämpferisch begleitet er das Zeitgeschehen. Die Ereignisse auf der Balkanhalbinsel – „Was alles unter den Augen der Polizei vorgeht" - und die deutsche Kolonialpolitik werden auf die spitze Feder genommen. Falsche Versprechungen des Bürgertums werden ebenso karikiert wie eine Musterwerkstatt des Innungsschwärmers Fürchtegott Krebsgang. Um eine leise Ahnung von den Schwierigkeiten sozialdemokratischer Pressepolitik unter dem Sozialistengesetz zu bekommen, seien die wundersamen Erlebnisse Karl Lüthers unter dem Sozialistengesetz 1898 (in dieser Ausgabe auf Seite 43) empfohlen. Alle Unterdrückung half nichts. Der Wunsch Bismarcks, daß das Sozialistengesetz 100 Jahre bestehen möge, erfüllte sich nicht. 1889 hatte ein großer Bergarbeiterstreik das Reich erschüttert. Vielen wurde klar, daß mit Repression allein der Arbeiterbewegung nicht beizukommen sei. Bismarck und das Anti-Sozialistengesetz mußten Abschied nehmen. Wilhelm II., der deutsche Kaiser, entdeckte die »soziale Frage«. Mit einigen Zugeständnissen sollte der aufstrebenden Arbeiterbewegung der Wind aus den Segeln genommen werden. 1890 wurde erstmals der 1.Mai als Kampftag der Arbeiterbewegung begangen. In der Mai-Nummer des »Wahren Jacob« hieß es zu den Forderungen:

> 8 Stunden Arbeit zum rüstigen Schaffen,
> 8 Stunden Ruhe im Schlummer , ...
> 8 Stunden Muße! Die Wonnen genießen ...
> Der mutigen Losung zum 1. Mai!

Von 1890 bis zum endgültigen Verbot 1933 erschien jedes Jahr zum 1. Mai eine Sondernummer des »Wahren Jacob«; ab 1892 in Farbe gedruckt, die zum Teil auch in höherer Auflage vertrieben wurde.

Nach dem großen Wahlerfolg der Sozialdemokratie 1890 war das Sozialistengesetz nicht mehr zu halten. Es wurde nicht weiter verlängert. Nun war es möglich, offener für die Ziele der Sozialdemokratie einzutreten. Das spiegelt sich auch in den Texten und Zeichnungen des »Wahren Jacob« deutlich wider.

1891 - 1914

»... mit Volldampf voraus«

Die Zeit zwischen dem Fall des Sozialistengesetzes und dem Ersten Weltkrieg ist für den »Wahren Jacob« eine Zeit des Wachstums. Optimismus spricht aus den Texten und Bildern – »Allzeit voran«, ohne die negativen Seiten der Epoche zu unterschlagen. Der Optimismus richtet sich auf eine Zukunft, von der man überzeugt war, daß sie nur besser werden konnte. Auch der »Simplicissimus« karikiert in diesen Jahren

Die Wähler erster Klasse.

Der wahre Jacob 1902

die gesellschaftlichen Verhältnisse: den Standesdünkel, das Offiziersgehabe und die Not der kleinen Leute. Doch seine Kritik blieb an der Oberfläche. Greift man hier mit

spitzer Feder eine Offiziersclique an, ist es beim »Wahren Jacob« der Militarismus, der auf der Anklagebank sitzt (Seite 103).

In der zeichnerischen Qualität stand Rata Langa vom »Wahren Jacob« einem Th. Th. Heine im »Simplicissimus« nicht nach. Beide waren engagierte Zeichner von hohem künstlerischen Niveau.
Beiträge von Frauen sind die Ausnahme im »Wahren Jacob«. Ihre Emanzipation wird hier von Männern als Erwartungshaltung »an die Frauen« dargestellt. Bei aller Solidarität mit den arbeitenden Frauen und den Frauen der Arbeitenden, die einschließt, daß man diese Solidarität auch von Frauen erwartet, erschöpft sich das Frauenbild der Zeitschrift darin, daß sie dem Mann »die Falten von der Stirn streicht« und im schicksalsschweren Streik mit dem Mann, nicht gegen ihn steht.
Als roter Faden zieht sich das Thema Arbeitsmarkt und Arbeitslosigkeit durch die Jahrgänge des frühen »Wahren Jacob«. Die oft unmenschlichen Arbeitsbedingungen, unter denen die Arbeiter zu leiden hatten, nehmen ebenso wie ihr Kampf dagegen einen breiten Raum ein. »Der Wahre Jacob« bezieht stets klar Stellung: für den Streik, gegen Aussperrung und gegen das Spitzelunwesen. Dem Charakter nach war »Der Wahre Jacob« zwar ein humoristisches Unterhaltungsblatt. Es gibt jedoch keine Nummer, in der nicht auch politische Themen aufgegriffen werden. Dabei richtete sich seine politische Linie, anders als beim »Süddeutschen Postillon«[12], der mehr dem linken Flügel der Sozialdemokratie zuzurechnen ist, an der Mehrheitsfraktion der SPD aus. Das schloß allerdings nicht aus, auch in der Partei umstrittene Themen aufzugreifen – zum Beispiel die Massenstreik-Debatte durch eine hervorragende Zeichnung von W. Lehmann (Seite 96). Eine derart grobe Einschätzung der Generallinie des »Wahren Jacob« berücksichtigt auch nur unzureichend, daß stets Personen mit verschiedenen Auffassungen zum Mitarbeiterkreis des »Wahren Jacob« gehören.

Partei ergriffen wird immer wieder für eine Verbesserung der Lage der arbeitenden Jugend, gegen eine Reglementierung durch Meister, Polizei und Schule. Der Despotismus im russischen Zarenreich veranlaßt Zeichner des »Wahren Jacob« zu besonders bissigen Zeichnungen von hoher künstlerischer Qualität. Das Vertrauen auf die eigene Kraft, der moralische Anspruch auf ein besseres Leben, kommt in den 1. Mai-Nummern, die immer besonders sorgfältig gestaltet wurden, zum Ausdruck. In vielen Zeichnungen wird die Angst des politischen Gegners vor der Sozialdemokratie aufs Korn genommen.

Dreiviertel aller Verbrechen würden nicht begangen werden, wenn die Welt nicht nach den Gesetzen Derjenigen regiert würde, die gar keine Verbrechen zu begehen brauchen.

*

Der Hunger hat manchen Leib zu Grunde gerichtet, aber manchen Geist — gespeist!

*

Menschen, die alle Rechte besitzen, schauen mit den argwöhnischsten Augen auf die Pflichten der Anderen.

*

Warum soll ein Volk seinem Herrscher mehr Zutrauen entgegenbringen, als der Herrscher dem Volke? Und welcher Herrscher traut seinem Volke?

*

Man sagt: Wer ein Amt hat, braucht keinen Verstand zu haben. — Nein! Er darf keinen haben!

*

Ein bedeutender und überzeugungstreuer Mann, der eine hohe Stellung im Staate erreicht, hat sie gewiß nicht seinen guten Thaten zu verdanken, sondern wahrscheinlich den paar unbewußten Fehlern, die er zufällig begangen hat.

*

Was hilft es viel, daß sich tausend Stimmen gegen das Unrecht erheben? — — Das Unrecht hat keine Ohren.

Scotus.

Der wahre Jacob 1902

12 Eduard Fuchs u.a. (Redaktion), Süddeutscher Postillon. Herausgegeben und eingeleitet von Udo Achten, Berlin/Bonn: J.H.W. Dietz Nachf. 1979

Im Handbuch des Vereins Arbeiterpresse werden drei Verurteilungen gegen den wahren Jacob ausgeführt: wegen Beleidigung des ostasiatischen Expeditionskorps (200 Mark Sühne); wegen Beleidigung der Breslauer Polizei (200 Mark Sühne) und wegen Verbreitung unzüchtiger Darstellungen (Katholikentagsnummer / 300 Mark Sühne).

Rache ist süß.

Zeichnung von Rud. Wolf.

„Geben Sie mir den ‚Wahren Jacob'!"
„Bedaure, den kenne ich leider noch gar nicht."
„Das ist Ihr Glück, sonst hätte ich mir mein Löschblatt anderswo gekauft."

Parade im Kloster Beuron.

Zeichnung von O. Delling.

Das neuformierte Regiment des heiligen Benedikt wird vom obersten Kriegsherrn persönlich gegen den Geist der Zeit ins Treffen geführt.

Doch es kam nicht immer zur Verurteilung. So berichtete der Kölner Lokalanzeiger vom 24. 12. 1910: „Im Schaufenster eines sozialdemokratischen Buchhändlerlädchens am Cäcilienkloster ist ein Bild ausgestellt mit der Überschrift „Parade im Beuron" und der Unterschrift „Das uniformierte Regiment des heiligen Benedikt wird von dem obersten Kriegsherrn persönlich gegen den Geist der Zeit ins Treffen geführt." Die Figur, die offenbar den Kaiser darstellen soll, ist ausgestattet mit dem Feldherrenstab und dem Schleppsäbel. Hinter ihm marschieren etwa 20 infulierte (d.h. eine Mitra tragende, d. Hg.) Klosterinsassen auf. Die Vorübergehenden wundern sich, daß die Polizeibehörde an dem Bild anscheinend weniger Anstoß nimmt, als die Bürgerschaft."

Um die Staatsanwaltschaft dieser Ausgabe zu einem Verbot des „Wahren Jacob" zu drängen, schreibt ein Oberpfarrer Joesten und ein Herr Rump über den uneinsichtigen Buchhändler: „Müller, der nur Schund, Schmutz und Hetzliteratur feil hält, verhält sich gütlichen Einschränkungen gegenüber grundsätzlich ablehnend." Aus den Akten der königlichen Staatsanwaltschaft Stuttgart (STAL 323, Bü1) geht jedoch hervor, daß keine Anklage wegen Majestätsbeleidigung erhoben wurde.

Der Erste Weltkrieg

»Die Zeit der sauren Gurken«

»Nun, Kinder, drauflos! Jetzt hilft nur noch das Dreschen.«, heißt es in der Nummer des »Wahren Jakob« zum Ausbruch des Ersten Weltkrieges (Seite 149). Vergessen ist alle Agitation gegen den Militarismus, alle Schwüre auf die Internationale des Proletariats. Der Hurra-Patriotismus der Straße erfaßt auch die Mehrheit der Sozialdemokratie und mit ihr den »Wahren Jacob«. Die hier präsentierte Auswahl aus der Zeit des Ersten Weltkrieges verzichtet auf das Seichte und Kriegsverherrlichende, das die meisten Ausgaben dieser Zeit prägt. Statt dessen wird eine Auswahl aus dem wenigen gezeigt, das auf die Not der Bevölkerung eingeht.

Die Einschätzung der Frauenarbeit im Krieg als »Frauenfortschritt« (Seite 159) war einerseits realistisch, andererseits zeigte sich bald, daß dieser Fortschritt doch mehr

Der Wahre Jacob 1910

das Tempo einer Schnecke hatte. Als die Männer zum Militärdienst eingezogen wurden, mußten Frauen Männerarbeit verrichten. Frauenarbeit nahm sprunghaft zu. Diese Veränderung in der Struktur der Erwerbsbevölkerung konnte nicht mehr vollends rückgängig gemacht werden, ebensowenig wie das dadurch wachsende Selbstbewußtsein der Frauen, auch wenn diese am Ende des Krieges die Arbeitsplätze für die zurückkehrenden Männer wieder räumen mußten.

Die ersten Jahre der Republik

»Der Tanz um das goldene Kalb«

»Das große Reinemachen« blieb nach der Novemberrevolution 1918 aus. Es entstand eine Republik, die sich auf eine Beamten- und Richterschaft stützte, die man doch bis 1914 zu Recht angegriffen hatte. Die Uneinigkeit der Arbeiterbewegung, die schon im Ersten Weltkrieg deutlich wurde und jetzt zu verfeindeten Arbeiterparteien führte, schwächte ihre Position. Die einen setzten auf ein parlamentarisches System, die anderen auf eine Räterepublik.
»Der Wahre Jacob«, auf der Seite der Parlamentarier, konnte nicht mehr an seine Popularität von vor 1914 anknüpfen. Er führte ein sehr bescheidenes Dasein. Seine Ausgaben waren auf schlechtem Papier gedruckt und enthielten meist nur zwei- oder dreifarbige Zeichnungen. Die Inflation 1923 besiegelte sein Schicksal, vorübergehend. 1924 – 27 erschien an seiner Stelle »Lachen links«: in Papier- und Druckqualität bescheiden, doch in der politischen Stoßrichtung und Aussage eine hervorragende Zeitschrift.

Ab 1928 trug die Zeitung wieder ihren traditionsreichen Titel. Für eine kurze Zeit erscheint sie sogar in dreifarbigem Kupfertiefdruck in hervorragender Druckqualität.

Abermals verboten

In Düsseldorf und Duisburg
Sind abermals wir unten durch!
Und unsre Bilder, unsre Strophen
Kann links des Rheins man nicht mehr koofen!

Das Tintenfaß voll Wehrmutzähren,
Woll'n wir die Gründe euch erklären,
So wie sie stehn im Interdikte,
Mit welchem uns Paris beglückte:

Die Sicherheit, die militär'sche,
Ward schwer bedroht durch unsre Versche!
Der schwarzen Krieger Würde ward
Lädiert durch Bilder roher Art.

Wer darf denn auch beim Witzereißen
Die Katze eine Katze heißen!
Und wer darf ungestraft es wagen,
Französischen Rentnern die Wahrheit zu sagen!

Je nun, es fehlt uns der Respekt
Vor dem, was hier ward ausgeheckt.
Wir denken, wie schon Götz gekonnt,
Bezüglich seiner Hinterfront!

Doch ihr, Genossen, seid so nett,
Und macht den Leser-Ausfall wett!
Wir leben nicht von ergaunerten Renten —
Drum sorgt für neue Abonnenten.

Der konfiszierte Jacob.

Der Jacob, der Jacob —
Der ward jetzt angepackt.
Der Herr Philister jubiliert:
Der Jacob wurde konfisziert
Und wird wohl derb verknackt!

Der Jacob, der Jacob —
Was hat er denn verübt?
Beleidigte er frevelnd gar
Der deutschen Majestäten Schar,
Die man bei uns so liebt?

Der Jacob, der Jacob
Hat Schlimmeres getan:
Er ärgerte, roh, wie er ist,
Manch braven rabenschwarzen Christ,
So manchen Herrn Kaplan!!

Der Jacob, der Jacob
Verletzte unser Ohr:
Er nannte einen Schweinehund
Den Bauer, Münsterer, Greßmann und
Den Scheuer zu Kolbermoor.

Der Jacob, der Jacob
Ist von zu wüster Art.
Er lernt nicht seine Christenpflicht,
Eh' aus dem „Wahren Jacob“ nicht
Ein „Schwarzer Jacob“ ward.

P. E.

Der Wahre Jacob 1910

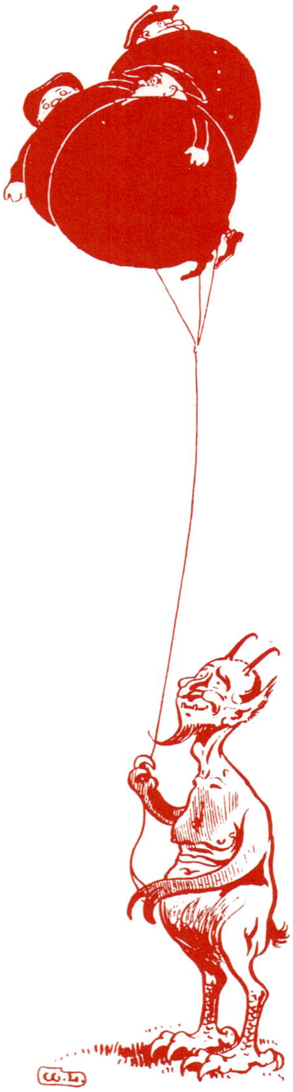

Satans Zeitvertreib.

Der wahre Jacob 1906

1927- 1933

»Deutschland verdunkelt sich«

1929, vier Jahre vor der Bücherverbrennung der Nazis erscheint auf der Titelseite des »Wahren Jacob« ein Haufen brennender Bücher unter der Überschrift „Deutschland verdunkelt sich". Welch' klare Vorahnung von dem, was kommen wird! Dem aufziehenden Nationalsozialismus schauen die Zeichner und Autoren des Blattes schon frühzeitig hinter die Maske der Legalität. Immer wieder attackieren sie die leeren Versprechungen, mit denen die Nazis aus der sozialen Not politisches Kapital schlagen. »Wovon raucht der nationalsozialistische Schornstein?« fragt der »Wahre Jacob« (Seite 225) – und gibt die Antwort. Ursache ist »das freie Spiel der Kräfte« – im Klartext die Frage: Wer kann mit seiner (ökonomischen) Macht dem anderen die (politischen) Bedingungen diktieren?

„Na, Mann, wenn Sie so weiter laufen, können Sie den ersten Mai im Kanal feiern."

Der wahre Jacob 1914

Silvester 1932: Zwei Unternehmer mit Sektglas über der Schachfigur Hitler: „Na denn Prost, Herr Generaldirektor! Auf ein glückliches neues Spiel!" – bei dem sich schon bald zeigen wird, daß Hitler nicht bloß willfährige Schachfigur wirtschaftlicher Macht ist. Vor einer Unterschätzung der Nazis warnt auch eine Zeichnung aus dem Jahr 1932. Sie zeigt den Tiger NSDAP und kommentiert: »Der Nationalsozialismus (siehe Hitler: Mein Kampf) wünscht Krieg gegen Rußland, Krieg gegen Frankreich und Krieg gegen die Randstaaten. Nun, das wird kein Krieg, sondern eine Jagd. Aber Sie, Herr v. Papen, wird man dann fragen, wer die Bestie aus dem Käfig gelassen!« (Seite 264).

In diesen letzten Jahren der Republik ergreifen die Mitarbeiter des »Wahren Jacob« Stellung für die durch Arbeitslosigkeit und Lohnraub besonders unter der ökonomischen Krise leidende Bevölkerung. Weitere Themen sind der Kampf gegen den Paragraphen 218 und für das Selbstbestimmungsrecht der Frauen und die Verteidigung gewerkschaftlicher Rechte. Eine Karikatur von Jacobus Belsen zeigt Unternehmer, die, von einer Arbeiterfaust getroffen, durch die Luft fliegen. Die Unterschrift – »Die Unternehmer seien gewarnt! Leicht kann geschehen, daß auch sie einmal ausgesperrt werden, aber das dürfte dann eine Aussperrung auf immer sein!« – demonstriert Stärke, wo es nur noch um Abwehrkampf ging. Zunehmende Rationalisierung, Quelle steigenden Wohlstandes, aber auch wachsender Arbeitslosigkeit, machen den Arbeiter zum Teil der Maschine, was den Zeichner zur Darstellung der »Mechanisierung des Arbeiters« animiert. Auch die Kehrseiten der Automobilisierung fallen den Zeichnern ins Auge. Früh schon wird gegen die Fetischisierung des Autos polemisiert (so auf Seite 228 und 248).

Je schärfer die politische Auseinandersetzung wurde, umso deutlicher wurde auch »Der Wahre Jacob«.
Als der Reichskanzler von Papen als nazihörig karikiert wird und eine Guillotine mit

Hakenkreuz den Naziterror anprangert, wird »Der Wahre Jacob« für acht Wochen verboten. Mit der Nummer 21 meldet sich »Der Wahre Jacob« »Wieder in Freiheit!« zurück. Noch konnte man sich über das Verbot lustig machen. – Ein unglücklicher Beamter: „Wie man's macht, ist's verkehrt! Erscheint so ein Witzblatt, lachen die Leute, und verbietet man es, lachen sie erst recht!"

Am 4. März 1933, mit der Nummer 9 des 54. Jahrgangs, erscheint dann die definitiv letzte Nummer. Die Nazis hatten auch den »Wahren Jacob« verboten. Viele seiner Mitarbeiter wurden verfolgt, emigrierten oder zogen sich in die »innere Emigration« zurück, doch soll auch nicht verschwiegen werden, daß es einige gab, die sich den braunen Machthabern anpaßten und zum Beispiel später in der »Brennessel«, dem »Witzblatt« der Nazis, arbeiteten.

In Deutschland aber gab es nichts mehr zu lachen. Darin hatte sich die Hoffnung der Redaktion des »Wahren Jacob« nicht bestätigt (Seite 256).

Die beliebtesten Zeichner des »Wahren Jacob«

Gabriel Galantara
(Pseud.: Rata Langa)
geb. 1865
gest. 1935

Galantara, in Italien geboren, arbeitete zunächst für die italienische satirische Zeitschrift Asino. Ab 1896 zeichnete er für den Süddeutschen Postillon und ab der Jahrhundertwende auch für den Wahren Jacob.

Bemerkenswert sind seine zeichnerischen Auseinandersetzungen mit Krieg und Militarismus. Neben flächig angelegten Karikaturen zeichnete er auch zahlreiche politische Vignetten.

Hans Gabriel Jentzsch

geb. 1862 in Löbtau bei Dresden
Todesjahr unbekannt

Willy Lehmann-Schramm studierte an der Dresdner Akademie der bildenden Künste. Nach mehreren Reisen ließ sich Lehmann 1892 in Zürich nieder und wurde einer der wichtigsten Zeichner der schweizerischen Satirezeitschrift Nebelspalter. Seit der Jahrhundertwende arbeitete Lehmann-Schramm für den Süddeutschen Postillon und den Wahren Jacob.

Willy Lehmann-Schramm

geb. 4.12.1866 in Dresden
gest. 28.1.1954 bei Landshut

Hans Gabriel Jentzsch, ursprünglich Prozellanmaler, war seit 1891 über zwanzig Jahre für den Wahren Jacob tätig. In dieser Zeit zeichnete er etwa 2000 Karikaturen für dieses Blatt. Wie andere Zeichner des Süddeutschen Postillon und des Wahren Jacob arbeitete Jentzsch auch für bürgerliche Blätter wie Die Jugend und Die Gartenlaube. Der Zwang, sich mit Zeichnen das Überleben sichern zu müssen, erlaubte keinen luxuriösen Rückzug auf die festgefügte, unerschütterliche Weltanschauung, die solche Brotarbeiten nicht rechtfertigen mochte.
Nach 1930 verlieren sich die Spuren von Jentzsch.

Krieg und Frieden.

Der wahre Jacob 1900

Kopfschmerzen des Kapitalismus.

Der wahre Jacob 1905

Der Minimallohn

H. G. Jentzsch

der Aktionäre,

der Bergarbeiter.

Der wahre Jacob 1912

Willi Steinert

geb. 18.1.1886 in Breslau
Todesjahr unbekannt

Willi Steinert, gelernter Bergmann und untertage als Wagenstößer, Schlepper, Lehrhäuer und Häuer beschäftigt, sattelte nach einem Arbeitsunfall in den Postdienst um, den er nach kurzem Gastspiel verließ, um als Zeichner zu arbeiten. Für den Wahren Jacob zeichnete er seit 1912.

Karl Holtz

geb. 14.1.1899 in Berlin
gest. 16.4.1978
in Potsdam

Karl Holtz lernte nach seiner Schulzeit bei Emil Orlik das Zeichnen. Er war seinerzeit einer der bedeutendsten deutschen Karikaturisten. Heinrich Dietz gewann ihn 1920 für den Wahren Jacob.

Willibald Krain

geb. 1866 in Breslau
Todesjahr unbekannt

Willibald Krain absolvierte seine künstlerische Ausbildung in München. Schon früh erregte er als Satiriker des »mondänen Lebens« und als leidenschaftlicher Antikriegs-Zeichner Aufsehen.

Jacobus Belsen

geb. 1870 in Patkino
(Rußland)
Todesjahr unbekannt

Jacobus Belsen kam als studierter Jurist zur Malerei. Nach langen Jahren als Lehrer an der Kunstgewerbeschule in Petersburg ging er 1919 aus politischen Gründen nach Berlin. Seit 1921 zeichnete er regelmäßig für den Wahren Jacob.

Willi Steinert

Karl Holtz

Willibald Krain

Jacobus Belsen

Zu dieser Ausgabe

Die hier präsentierte Auswahl aus 54 Jahrgängen des »Wahren Jacob« zeichnet nicht nur ein Bild deutscher Geschichte zwischen 1879 und 1933 im Spiegel sozialkritischer Satire und proletarischen Humors. Sie dokumentiert auch die Geschichte dieser heute kaum bekannten Satirezeitschrift durch fünfeinhalb Jahrzehnte. Beides – Geschichtsbuch und Dokumentation zu werden – hat die Auswahl gleichermaßen bestimmt. Aufgenommen wurden einerseits Karikaturen und Geschichten, die auch heute noch ohne breites Hintergrundwissen verständlich sind oder sich selbst erklären. Besonderes Gewicht wurde auf das zeichnerische Element gelegt. Andererseits soll die Auswahl einen repräsentativen Querschnitt durch die 54 Jahrgänge präsentieren, die vielleicht den einen oder anderen Leser anregen, sich mit diesem wenig bekannten Kapitel deutscher Pressegeschichte intensiver zu beschäftigen.
Die Auswahl ersetzt keine wissenschaftliche Auseinandersetzung mit dem »Wahren Jacob«, um die es im übrigen noch gar nicht gut bestellt ist. Neben einer älteren Arbeit von Klaus Völkerling[13] aus dem Jahre 1969, die sich mit der literarischen Bedeutung des »Wahren Jacob« und des »Süddeutschen Postillon« beschäftigt und einer hervorragenden Arbeit von Ulrich Weitz über den »Süddeutschen Postillon« und seinen Redakteur Eduard Fuchs[14] gibt es zum »Wahren Jacob« nur für die Zeit des Kaiserreichs eine gründliche Studie, die von Ann Robertson vorgelegt wurde.[15] Eine vergleichbare Darstellung der Entwicklung des »Wahren Jacob« und seines Zwischenspiels als »Lachen Links« in der Zeit der Weimarer Republik steht immer noch aus. Gleiches gilt für die satirischen Zeitschriften der KPD aus dieser Zeit, den »Knüppel« und den »Eulenspiegel«.
Der größte Teil der hier gezeigten Nummern stammt aus dem Archiv des Herausgebers, der in den letzten zwanzig Jahren den »Wahren Jacob« nahezu vollständig sammeln konnte. Lediglich für die ersten Jahrgänge mußte auf die Bestände des Hamburger Staatsarchivs und des Bundesarchivs, Außenstelle Berlin, zurückgegriffen werden. Für ihre Bereitschaft, diese Ausgaben zur Verfügung zu stellen, sei an dieser Stelle herzlich gedankt.
»Der Wahre Jacob« und der »Süddeutsche Postillon« sind heute in keinem Archiv komplett vorhanden. Im Bundesarchiv Berlin (früher IML), in Leipzig, im Hamburger Staatsarchiv, in der Landesbibliothek Stuttgart, der Staatsbibliothek München und beim Archiv der sozialen Demokratie in der Friedrich-Ebert-Stiftung in Bonn sind umfangreiche Bestände vorhanden, so daß für wissenschaftliche Arbeiten jeweilige Lücken im Bestand durch Zusammenführung geschlossen werden können. Beim »Süddeutschen Postillon« sind Teile der ersten Jahrgänge bisher nicht nachweisbar.
Für die auch heute noch bekannte satirische Zeitschrift »Simplicissimus« sieht die Situation anders aus. Ann Robertson berichtet von ihren Bibliothekserfahrungen: »Wenn man dort das Stichwort ‚Simplicissimus' nachschlägt, findet man eine Fülle von Hinweisen – auf Monographien, Bibliographien und Autographien, wissenschaftliche Abhandlungen, Ausstellungskataloge –, die sich mit der Zeitschrift und ihren Mitarbeitern befassen. Viele größere Bibliotheken können ihren Lesern auch komplette Jahrgänge des Simplicissimus im Original zur Verfügung stellen. Diese Zeitschrift, die zwischen 1896 und 1944 durchgehend erschien und Auflagen bis zu 100 000 Exemplare erreichte, war offensichtlich sammelnswert.«[16] Zu fragen wäre natürlich nach dem Anlaß des Sammelns (s.o.). Hinzuzufügen ist hier aber auch, daß zahlreiche Ausstellungen über einzelne Zeichner des »Simplicissimus« wie über die Zeitschrift selbst die Erinnerung wachgehalten haben.
Gleiches wäre dem »Wahren Jacob«, der unverdient ins Vergessen geriet, zu wünschen.

Udo Achten
Düsseldorf, im Mai 1994

13 Klaus Völkerling, Die politischen satirischen Zeitschriften, Zwickau 1969

14 Ulrich Weitz, Salonkultur und Proletariat: Eduard Fuchs – Sammler, Sittengeschichtler, Sozialist, Stuttgart 1991

15 Ann Robertson, Karikatur im Kontext. Zur Entwicklung der sozialdemokratischen satirischen Zeitschrift »Der Wahre Jacob« zwischen Kaiserreich und Republik, Frankfurt/Main 1992

16 Ann Robertson, Karikatur im Kontext, S.VII

Kleine Freiheit

1879 - 1880

Der wahre Jacob 1880

Illustrirtes humoristisch-satirisches Monatsblatt.

Erscheint monatlich einmal und ist in der Expedition, Amelungstraße 5, sowie bei allen Colporteuren in Hamburg, Altona, Ottensen, Wandsbek ꝛc. zu haben.

Preis der einzelnen Nummer 10 ₰.

Nr. 1. Hamburg, den 5. November 1879. 1. Jahrgang.

Meinen Gruß zuvor!

Was willst denn Du in diesen schweren Zeiten
Der Trübsal und der allgemeinen Noth,
Des Krachs, des Gründungsschwindels und der Pleiten,
Da tausend Freunde gehen auf ein Loth,
Da finster starrt die Welt in Stahl und Eisen,
Und Niemand wagt, den Frieden mehr zu preisen?

So fragen sie und machen finst're Mienen,
Tritt so ein Kerl wie ich keck in die Welt,
Der die Philister will mit Spott bedienen,
Und keinen Teufel fragt, ob er gefällt.
Ich will mein Recht des Daseins geltend machen;
Da bin ich nun und Ihr sollt mit mir lachen.

Bring' ich auf meine Seite nur die Lacher,
So will ich gern der Müh' mich unterzieh'n,
Griesgräm'ge und langweil'ge Widersacher
Zu locken mit viel heitern Melodie'n.
Denn sind auch trauervoll die jetz'gen Zeiten:
Es giebt noch viele Zöpfe abzuschneiden.

Die Dummheit stelzt einher auf hohen Hacken
Und mögen Götter sie umsonst bekämpfen,
So kann man doch sie bei dem Schopfe packen
Und ihre Herrschaft ein klein wenig dämpfen;
Mag sie auch noch so hoch dahin stolziren,
Ich werde bald sie ad absurdum führen.

Dem Hochmuth, diesem hohlen Ungeheuer,
Das mit des Dünkels weitgespreiztem Schritt
Manch' edles Streben, das uns werth und theuer,
Brutal und schonungslos zu Boden tritt,
Ich hefte ihm, daß mancher Freund mir's danke,
Des Spottes Brander in die plumpe Flanke.

Der Lüge, der geschminkten feilen Dirne,
In ihrer Frechheit widerlichem Scheine,
Brenn' ich ein glühend Mal auf ihre Stirne
Und mach' noch kürzer ihre kurzen Beine;
Sie stirbt, sowie sie anstrahlt nur das Klare,
Und das besorg' ihr ich, Jacob der Wahre.

Wollt ihr in's Meer der Lustigkeit nun tauchen,
So kommt; ich weise Niemanden zurück;
Nur Sauertöpfe kann ich nicht gebrauchen
Und lasse gern sie ihrem Mißgeschick.
Wohl kenne ich der Feinde viel und Neider;
Sie ärgern sich, ich lache lustig weiter.

Jacob.

Wir Unglücklichen.

Ihr wißt, ihr lieben Brüder,
Bald wird, wie hier zu schau'n,
In deutschen Landen wieder
Geprügelt und gehau'n;
Denn ganz vorzüglich fand es,
Wenn man mehr prügeln thät,
Der neue Oberlandes-
Gerichtsrath **Mittelstädt.**

Da steht es keck geschrieben:
Verkommen und verrucht
Ist dieses Volk geblieben,
Weil ohne Prügelzucht;
D'rum nicht mit Rosenwasser
Und Moschus wird curirt;
Es wird ein Bischen krasser
Der Stock recommandirt.

Fromm ist der Wunsch, in Wahrheit,
Und wenn er wird erfüllt,
So malt er uns in Klarheit
Und treu ein Zukunftsbild,
Darauf man siehet glänzen,
Und leider nicht sehr fern,
Die Katze mit neun Schwänzen
Als vielbegehrten Stern.

O schöner, alter Glaube,
Wie liegst Du uns so weit,
Da noch die Daumenschraube
Beherrschte ihre Zeit;
Und da für kecke Witze
So manchem armen Tropf
Die pommerische Mütze
Gestülpt ward auf den Kopf.

Da manche arme Trina
Als Hexe ward „erkannt"
Auf Grund der Carolina
Und kurzweg ward verbrannt —

Wenn wir so Dein gedenken
Mit Deinem Angebind',
So müssen wir uns kränken,
Wie übel d'ran wir sind.

Mit hübschen Instrumenten
Wie warst Du reich bedacht,
Und konntest sie verwenden,
Sobald die Lust erwacht;
Doch uns sind heut' die Zügel
Gar streng gezogen ein;
Wir müssen mit dem Prügel
Begnügen uns allein.

Wer freundlich ist gesonnen
Und den die Liebe lenkt,
Der zu des Prügels Wonnen
Uns span'sche Stiefeln schenkt:
Den wollen wir begrüßen
Und hoch ihn schätzen heut';
Er folgt mit schnellen Füßen
Dem Fortschritt uns'rer Zeit.

Der Wahl-Löffel.

Ein Löffel ist ein hübsches Ding,
Kurzweilig anzusehen,
Wenn ich von ihm ein Liedchen sing,
So müßt ihr's wohl verstehen.

Es giebt der Löffel vielerlei
Versilbert und von Golde,
Und käme man zu weit dabei,
Wenn man sie schildern wollte.

Doch unter allen Löffeln fand
Ich einen zu erwählen,
Der ist besonders interessant;
Ich will davon erzählen.

Das ist der Löffel, über den
Man bei den letzten Wahlen
So schrecklich hat barbieren seh'n
Die armen Liberalen.

Mit diesem Löffel wird verspeist
Gar eine saure Suppe,
Die in den Därmen zwickt und beißt
Die liberale Truppe.

Den Durchfall holte dieses Mal
Herr Lasker sich beim Essen,
Und bei der Präsidentenwahl
Ward Bennigsen vergessen.

Er sieht zwar ganz gewöhnlich aus
Der Löffel von den Wahlen,
Doch zu der Liberalen Graus
Wollen wir hier ihn malen.

Einladung zum Kurgebrauch des Nürnberger Trichters.

Das ist das berühmte Instrument, mittelst dessen man innerhalb vierundzwanzig Stunden Vernunft, Geduld und Hafergrütze in jeden leeren und hohlen Schädel hineinpumpen kann. Da wir wissen, wie viele Menschen an Hohlheit und Leere des Schädels leiden, so haben wir dies berühmte Instrument erworben und beschlossen, im Interesse kosmopolitischer Humanität es allen Menschen gratis zugänglich zu machen, die noch einen Funken von „Horror vacui" *) in sich tragen. Wir sehen eine möglichst allgemeine Benutzung des Instruments gern; doch empfehlen wir es noch ganz besonders Allen:

1) die die Reden des Herrn Reichstagsabgeordneten Bauer geistreich finden;
2) die noch der Ansicht sind, daß die berühmten Extra-Blätter der „Hamburger Zeitung" etwas Neues enthalten;
3) die mit der Absicht, reich zu werden, sich mit den Wucherern einlassen;
4) die der Ansicht sind, daß Herr Marr mit seiner „Anti-Semitischen Liga" die Gesellschaft retten wird.

Wir laden nochmals zum ausgiebigsten und eifrigsten Gratis-Gebrauch unseres Instrumentes ein.

Die Anti-Hohlschädel-Liga,
gestiftet vom „Wahren Jacob".

*) Abscheu vor der Leere.

Des Herrn Christoph Brimborius kritische Gänge.

I.

Durch unser schönes Hamburg.

Ich hasse das Neue und ich liebe das Alte, denn ich bin conservativ. Nichts kann uns mehr schaden, als alle die Neuerungen, die wir erleben müssen. So verderbt wir Menschenkinder von Anfang an sind, wir werden noch verderbter werden, wenn wir uns nicht gegen Alles energisch sträuben, was neu ist. Die Eisenbahnen sind unser größter Feind. Sie entsittlichen die Menschheit, denn sie bringen uns alle bösen Buben viel schneller auf den Hals, als einst der gemächliche Postwagen. Am Besten war die Zeit, da Alles auf Schusters Rappen ging. Wenn ein Bauer aus Dithmarschen gen Hamburg wollte, um zu sündigen, ging das nicht so schnell wie heute. Am Schlimmsten wirken die Eisenbahnen in den katholischen Ländern. Dort ging man früher wallfahrten mit Erbsen in den Schuhen. Die Eisenbahnen haben diesen ehrwürdigen Gebrauch zum größten Theil abgeschafft, und jeder hochnäsige Bengel, der nur ein Billet bezahlen kann, fährt jetzt nach Einsiedeln, statt mit Erbsen in den Schuhen dahin zu wallen. Das ist sehr schlimm.

Aber da unsere ganze Zeitrichtung eine verderbte ist, so müssen wir stets darauf gefaßt sein, daß noch mehr Neuerungen kommen. Am Meisten fürchte ich mich vor dem Hamburger Stadtbauplan. Ich weiß ganz genau, daß dies Ungethüm in einem verborgenen Schiebfach des Archivs unserer Baudeputation auf den Augenblick lauert, da es seine düsteren Schwingen über unsere herrliche Hansestadt ausbreiten kann. Dies irae, dies illa! An dem Tage werde ich mein Haupt mit Asche bestreuen und mir meinen altehrwürdigen Zopf abschneiden. Diese Neuerung überleb' ich nicht.

Und wozu sollte ich sie auch überleben? Was soll mich denn noch freuen auf dieser Welt, wenn mittelst eines bösartigen Stadtbauplanes unsere schönsten Erinnerungen an eine bessere und schönere Zeit hinweggeräumt werden? Glaubt mir, Kinder, ich habe den lieben Dreckwall noch lange nicht verschmerzt, wennschon ich ihn kaum aus meinen Kinderjahren kenne. Heinrich Heine allein wußte den Schmerz braver Männer zu würdigen, als er sang:

„Und der Dreckwall, wo ist der Dreckwall hin!"

Ja, wo ist er hin? Wenn der ehrwürdige Bürger unserer alten Republik an den Ufern des Dreckwalls wandelte und die Düfte des Fleets, die nur ein Barbar als „übel" bezeichnen kann, ihm sanft in die hanseatische Nase stiegen und große Gedanken der Vergangenheit wachriefen, da konnte er wohl begreifen, warum die Hamburger Dichter des vorigen Jahrhunderts so schlechte Verse gemacht haben. Sie wußten die poetischen Ausdünstungen des Dreckwalls nicht zu schätzen und bummelten in einem armseligen Hain in Eppendorf umher, den sie hochtrabend den Dichterhain nannten. Hätten sie am Dreckwall gedichtet, sie würden eben so gut wie dieser unsterblich geworden sein. Aber wer kennt und nennt ihre Namen?

Was wird uns der neue Stadtbauplan nach meinen Befürchtungen bringen? Zunächst wird er uns, und das ist das Schlimmste, gerade Straßen aufzudringen suchen. Eine solche Neuerung wäre revolutionär im schlimmsten Sinne des Worts. Denn wie ich, als alter Practicus, an einem jungen Mädchen eine sanftgebogene Nase liebe, so liebe ich die sanften

Das neue Urtheil des Paris.

Paris von Varzin zur Venus von Meppen: Du bist die Schönste, der goldene Apfel sei Dein!

Illustrirtes humoristisch-satirisches Monatsblatt.

Erscheint monatlich einmal und ist in der Expedition, Amelungstraße 5, sowie bei allen Colporteuren in Hamburg, Altona, Ottensen, Wandsbek ꝛc. zu haben.

Preis der einzelnen Nummer 10 ₰.

Nr. 2. Hamburg, den 3. December 1879. 1. Jahrgang.

Der Schnaps.

Der Schnaps ist aller Uebel Kern!
So jammern Junker und Pfaffen,
Als möchten allen Schnaps die Herrn
Aus dieser Welt gern schaffen;
Sie reden lang und reden breit —
Bald ist mir's nicht mehr geheuer;
Der Eine will's mit der Frömmigkeit,
Der Andere mit der Steuer.

Ich steh' erstaunt vor solchem Thun
Und fühle mich höchst betroffen,
Hör' ich, wie schon so Mancher nun
Sich hab' in die Hölle gesoffen;
Und wie bei manchem braven Mann
Der Schnaps erweckt den Zweifel,
So daß er fiel in des Bösen Bann
Und ihn hat geholt der Teufel.

Schreit nicht so sehr in die Welt hinein,
Und treibt's nicht auf die Spitze,
Wollt ihr einmal vernünftig sein,
So sucht nach des Uebels Sitze;
Und wenn euch dies zur Wahrheit bringt,
Müßt ihr sie auch ehrlich nennen;
Fragt nicht nach dem nur, der Schnäpse trinkt,
Fragt auch: Wer that sie brennen?

Fahrt in's langweilige Pommerland
Mit seinen Hintersassen,
Und seht, wie dort wird der Schnaps gebrannt
In ungeheuren Massen;
Und wer am meisten Schnaps gebrannt,
Hat sich ein Patent erworben,
Zu schimpfen auf Alle im ganzen Land,
Die sich mit dem Schnaps verdorben.

So ist's von je seit alter Zeit;
Man schimpfte des Schnapses Fröhner,
Mit Vorliebe stets die armen Leut',
Die Bauern und Tagelöhner;
Und die sich dabei die Taschen gespickt,
Die Junker vom alten Glauben,
Die haben ihnen am Zeug geflickt,
Sie konnten sich's ja erlauben.

Jedoch, ihr Herrn, was hilft das Schrei'n
Und Jammern bei solchen Sachen?
Ich will, wenn ihr wollt ruhig sein,
Euch einen Vorschlag machen;
Und ist's euch ernst mit eurem Thun,
Was ihr versprecht und predigt,
Darf ich von euch erwarten nun,
Daß ihr es künftig bethätigt.

Ein Faß vom allerbesten Wein,
So wie ihn trinken die Junker,
Legt ihr in seinen Keller hinein —
Nur stille und kein Geflunker! —
Jedwedem, der Schnaps nur trinken kann,
Weil er ein armer Teufel;
Von da ab trinkt auch Jedermann
Nur Wein wie ihr, sonder Zweifel!

Jacob.

Es ist noch nicht Alles dagewesen,

oder:

Wo Ben Akiba nicht Recht hat.

Adam und Eva aus dem Paradies
Erzengel Gabriel hinaus einst stieß.

Der Römer, der Jerusalem verbrannte,
Zerstreut' das Judenvolk durch alle Lande.

Man trieb die Socialisten aus Berlin;
Sie wußten zwar woher, doch nicht wohin.

Doch daß der Frieden hätt' den Krieg vertrieben,
Der Wunsch ist stets noch unerfüllt geblieben.

Der Windmühlenkampf.

Jacob: Siehst Du wohl, Bauerchen, das kommt davon.

Die letzte Zuflucht des liberalen Wahlvereins.

Mitglieder des Wahlvereins: Liebes Mütterchen, werden wir denn bei der Wahl siegen?
Kartenschlägerin: Wer auf die Seite fällt, wo mein Kater sitzt, der bekommt den Katzenjammer nach der Wahl, und Ihre Karte, meine Herren, fällt eben rechts. Warum sind Sie auch so weit rechts gegangen?

Illustrirtes humoristisch-satirisches Monatsblatt

Erscheint monatlich einmal und ist in der Expedition, Amelungstraße 5, sowie bei allen Colporteuren in Hamburg, Altona, Ottensen, Wandsbek rc. zu haben.

Preis der einzelnen Nummer 10 ₰.

Nr. 7. Hamburg, den 13. Mai 1880. 2. Jahrgang.

Das hat man davon.

Mach' dir nur keine Hirngespinnste,
Hammonia, und laß den Zank;
Für deine wohlgemeinten Dienste
Bekömmst du nunmehr deinen Dank.

Es waren deine Patrioten
Im Hurrahschreien immer groß;
Dafür wird dir auch angeboten
Vom Kanzler ein besond'res Loos.

Gar freundlich waren deine Wahlen,
Gefügig die Vertreter auch,
Dafür darfst du nunmehr bezahlen,
Daß leer wird deiner Börse Schlauch.

Du zahltest deine Zollaversen
Mit Freuden, wie man dir erlaubt;
Vergeltung folgt dir auf den Fersen:
Sie werden höher stets geschraubt.

Dem Kanzler hast dereinst verliehen
Du fromm das Ehrenbürgerrecht;
Er wird die Grenze enger ziehen
Und Jammern steht dir nunmehr schlecht.

Und wer vermag dich nun zu schirmen,
Wenn deine Macht der Kanzler dämpft?
Dein Wappen mit den stolzen Thürmen —
Wo ist der Held, der für es kämpft?

Ich wünsch' den Sieg für deine Rechte;
Du aber denke, geht es schief,
Man siegt mit Muth nur im Gefechte,
Und bück' nicht wieder dich zu tief!

Jacob.

Zukunftsbild.

Das Millernthor nach der Einverleibung St. Pauli's in den Zollverein.

Illustrirtes humoristisch-satirisches Monatsblatt.

Erscheint monatlich einmal und ist in der Expedition, Amelungstraße 5, sowie bei allen Colporteuren in Hamburg, Altona, Ottensen, Wandsbek ꝛc. zu haben.

Preis der einzelnen Nummer 10 ₰.

Nr. 10. Hamburg, den 14. August 1880. 2. Jahrgang.

Der Wechselbalg.

Gewappnet entsprang einst Jovis Haupt
In Jugendstärke und Schöne —
Wie man im alten Hellas geglaubt —
Die Göttin Pallas Athene.

Das war ein trutziges Frauenbild,
Zu kühner That erkoren;
Es klirrt' der Speer, es rasselt' der Schild
Der Heldin, die kaum geboren.

Ihr eh'rner Tritt erschüttert die Welt,
Ihr Schlachtruf brachte Grauen,
Als dort auf Troja's blutigem Feld
Die Furchtbare war zu schauen.

Die Heldin hoch gepriesen wurd';
Und ach, gar mancher Brave,
Der fühlt' zu solcher selt'nen Geburt
Sich auch berufen im Schlafe.

Gar Mancher strengte den Schädel an
Und lag in wilden Wehen,
Doch hat man höchstens dann und wann
Einen Wechselbalg gesehen.

Es hat Herr Zeus von Forckenbeck
Zu großer That sich verschworen,
Und eine Pallas glaubt' er keck
In seinem Schädel geboren.

Doch ach, sie kam nicht mit Kriegsgeschrei,
Gewappnet, mit nervigen Armen.
Die neue liberale Partei!
Das Kindlein war zum Erbarmen.

Es hat nicht nach Kampf und Sturm gelechzt,
Es hat nur gestöhnt und gewimmert;
Es hat nach Luft geschnappt und geächzt,
Das Kindlein war ganz verkümmert.

Den Wechselbalg lacht Alles aus;
Ich aber denk' mit Sinnen:
Soll Treffliches aus dem Schädel heraus,
So muß es erst sein darinnen!

Jacob.

Und ausgelacht noch obendrein

1884 - 1890

Der wahre Jacob 1890

Die Reichstagswahl.

Die Wahl kömmt, wie der Herbstwind kam!
O Michel, laß dich bitten:
Sie wird den ganzen alten Kram
In deinen Schooß dir schütten.

O Michel, es sieht wiederum
Die Zukunft aus recht ledern,
Siehst du dich nicht noch zeitig um
Nach tüchtigen Vertretern.

Loyalität.

Der Extrazug eines Fürsten hat eine Stunde auf sich warten lassen.
ürst spricht den am Bahnhofe versammelten Spitzen der Stadt sein
ern darüber aus, daß er zu spät gekommen.

Von der Balkanhalbinsel.

Was Alles unter den Augen der Polizei vorgeht.

Die Balkan-Frage.

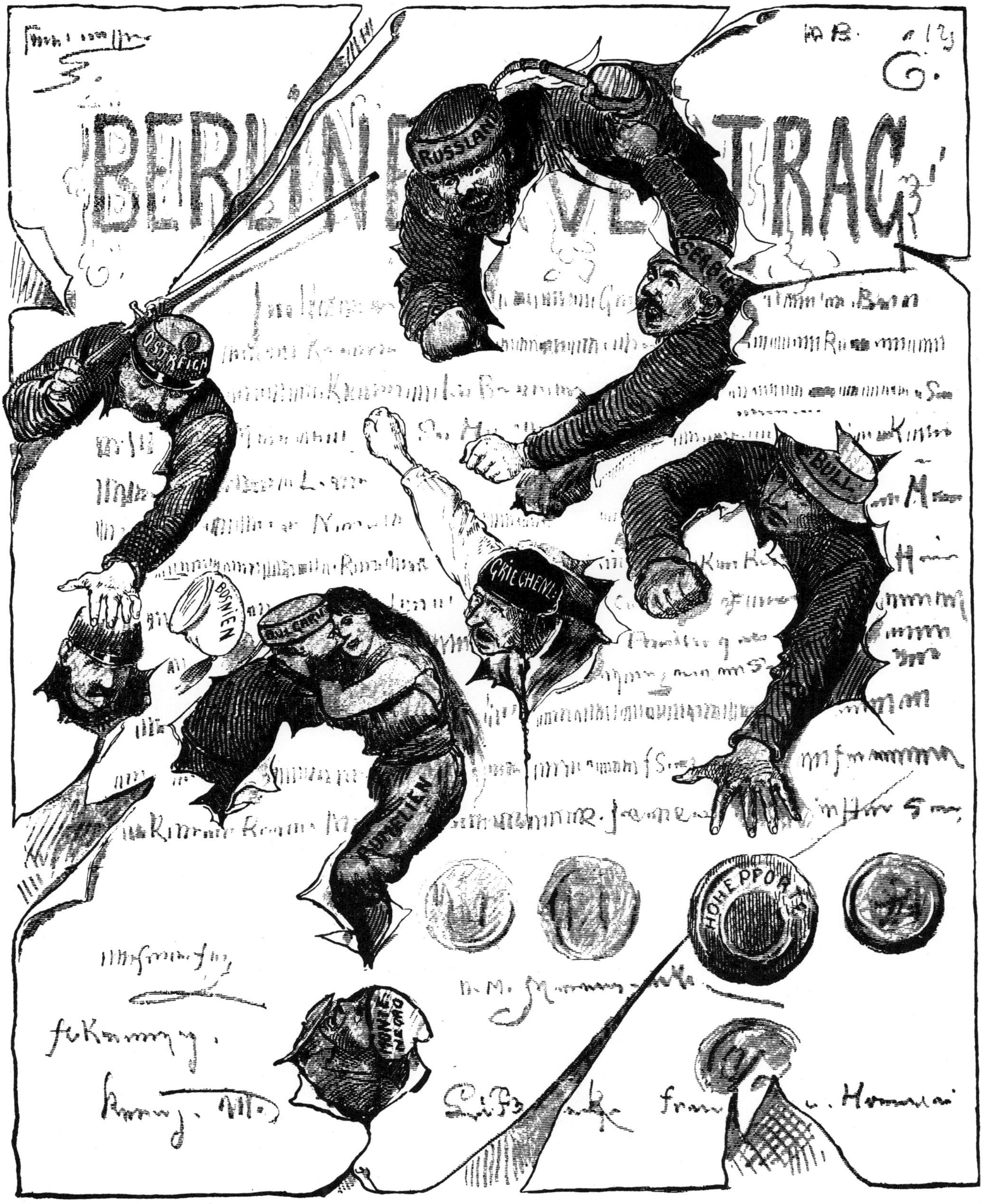

Wied'rum hat die Kunst der Diplomaten
Unter vielen Müh'n gelöst die Frage;
Ihre Flotte konnte ohne Thaten
Heimzieh'n, denn gebessert war die Lage.

Der Vertrag hängt lose nur zusammen,
Und beginnen kann von vorn das Hetzen,
Bis er von der Zwietracht gift'gen Flammen
Wird vernichtet bis zum letzten Fetzen.

Einstens wird das Volk auch dort gesunden,
Nicht vergebens mehr am Gitter rütteln;
Von der Eintracht starkem Geist durchdrungen,
Wird es leicht die Pein'ger von sich schütteln.

Deutsche Volkslieder.

Für unsere deutschen Brüder in Kamerun modernisirt

von Max Kegel.

I.

Die Loreley.

Ich weiß nicht, was soll es bedeuten,
Daß ich so traurig bin?
Die Mähr von gefressenen Leuten,
Die kommt mir nicht aus dem Sinn.

Die Luft ist schwül und es dunkelt,
Und ruhig schwimmet der Hai,
Ein einsames Fischerboot schunkelt
Noch in der stillen Bai.

Die schönste der Jungfrauen sitzet
Dort drüben am Meeresstrand.
Ihr gold'nes Geschmeide blitzet,
Doch sonst trägt sie gar kein Gewand.

Sie schaut in die Ferne so bangend,
Und klagend ertönet ihr Schrei,
Ihr Auge glüht wild und verlangend —
Ich fürchte, daß hungrig sie sei.

Der Schiffer im kleinen Schiffe,
Den hat die Erscheinung frappirt,
Ihm geht's über alle Begriffe,
Daß die Jungfrau dekolletirt.

Ich glaube, dieselbe verschlinget
Am Ende den Schiffer im Kahn,
Und wenn sie den Bissen nicht zwinget,
Da zehret ihr Schatz mit daran.

II.

Treubruch.

II. Treubruch.

Da unten in dem Kraale,
Ist's stille, wie im Grab.
Dort wohnen meine sechs Weiber,
Die ich verlassen hab'.

Ich hatt' einen Ring versprochen
Einer Jeden für die Nas',
Ich hab' mein Wort gebrochen —
Zu theuer käm' der Spaß.

Da kratzten meine Holden
Mir fast die Augen aus,
Ich floh vor ihrem Zorne,
Und kam nicht mehr nach Haus.

Ich möcht als Reiter fliegen
Weithin in die Prairie,
Am Kongostrande liegen —
Dort nimmer fürcht' ich sie.

Denn aus dem Uferschilfe
Das brave Krokodil
Käm' freundlich mir zu Hilfe,
Dann wär's auf einmal still.

III.
An das Liebchen.

Du hast viele Spangen und Perlen,
Du salbst Dich mit Oel und mit Schmeer;
Du hast ja die schönsten Augen,
Mein Liebchen, was willst Du noch mehr?

Für Deine schönen Augen
Hab' ich ein ganzes Heer
Von Kühen und Ochsen gegeben,
Dein Vater wünscht immer noch mehr.

Hier hast Du die letzten fünf Ziegen;
Mir fiel, sie zu stehlen, so schwer! —
Du hast mich zu Grunde gerichtet,
Mein Liebchen, was willst Du noch mehr?

Das neue goldene Kalb.

Sieh' hier herab das Ungethüm
Von seiner Säule glotzen!
Flott einen Rundtanz widmen ihm
Die Junker und die Protzen.

Gern ist zu solchem Götzendienst
Der Brenner Zunft erbötig;
Sie streicht ja ein den Hauptgewinnst
Und hat ihn wirklich nöthig.

Eine Musterwerkstatt nach der Idee des Innungsschwärmers Fürchtegott Krebsgang.

Aufrührisch von Gesinnung
Ist heute der Gesell,
Ihn wird die Musterinnung
Kuriren auf der Stell'.

Bei gutem Lohn der Deutsche
Kommt leicht in Uebermuth;
Ich handhab' meine Peitsche
Und zahl' ihm nicht zu gut.

Die Werkstatt ist der Tempel,
Wo sich die Hitze legt,
Wenn jeder seinen Stempel
Und seine Nummer trägt.

War's immer so gewesen,
Stand's anders noch im Land,
Man brauchte keine Chinesen,
Bei unserm Innungsverband.

Ja, wenn sie Freiheit hätten,
Sie liefen viel umher,
Ich schließ' sie an mit Ketten,
Da schaffen sie mir mehr.

Erscheint monatlich zweimal.

Zu beziehen durch alle Buchhandlungen und Kolporteure.

Blitzdrahtmeldungen.

Berlin. In Köln soll eine internationale Kriegskunstausstellung stattfinden. Es werden dazu die Steuerschrauben der verschiedenen Kulturländer ausgestellt werden, da die Herbeischaffung der Kriegsmittel doch die größte Kunst ist.

— Den neuesten Nachrichten zufolge soll das rauch- und knalllose Schießpulver durch eine Erfindung des Dr. Max Hirsch übertroffen sein. Er will beim nächsten Kriege die französische Armee anquasseln. Man rechnet darauf, daß diese dann aus Angst davonlaufen wird.

Dortmund. Die Bergarbeiter-Löhne sind seit dem letzten Streik so eminent gestiegen und die Führer des Streiks werden von den Grubenbesitzern so auffällig bevorzugt, daß jede weitere Bergarbeiter-Versammlung als höchst überflüssig aufgelöst werden kann.

Italien. An der französischen Grenze wurden einige Reisende als Spione verhaftet, weil sie Karten bei sich trugen. Zu ihrem Glücke stellte sich bald heraus, daß es Skatkarten waren

Kreta. Es stellt sich jetzt heraus, daß der Aufstand von einem Engländer Namens Uolgemut angezettelt worden ist.

Einem Gerichteten.

**Als du den theuren Leichnam klug und weise
Für jeden Fall in Sicherheit gebracht,
Als du nach Brüssel über Nacht die Reise
Und nach den Kreidefelsen dann gemacht,
Da hast du selbst dein Urtheil dir gesprochen
Und deine Schiffe hinter dir verbrannt;
Der Nebel fällt, der Zauber ist gebrochen
Und „Boulanger" heißt fortan „Komödiant".**

**Von manchem Gauner ließ dein Volk sich meistern,
Denn leicht entflammt ist seine Phantasie;
Es konnte sich für Badinguet begeistern,
Für einen Feigling aber schwärmt es nie.
Nach einer Krone darf der Kühne greifen,
Setzt er dagegen trotzig ein sein Haupt;
Bei Nacht und Nebel heimlich auszukneifen —
Jenseits des Wasgaus ist das nicht erlaubt.**

**Du triebst dein Handwerk dreister nur und toller,
Verhießest täglich deine Wiederkehr
Und nahmst den Mund mit jeder Stunde voller;
Es war umsonst — der Schwindel zog nicht mehr.
Das haben selber die Ruraux begriffen,
Das ging dem dicksten Bauernschädel ein:
Der General, der heimlich ausgekniffen,
Kann nimmermehr der Mann der Zukunft sein!**

**Nun ist umsonst das prahlende Geflunker
Und nach der goldnen kommt die Eisenzeit;
Nun schützen weder Pfaffe dich noch Junker
Vor dem Versinken in die Nichtigkeit.
Die sonst bereit, für dich die Faust zu ballen
Und die nach Nelken sich für „Ihn" gebückt,
Sie lassen dich in aller Stille fallen,
Wie du in aller Stille dich gedrückt.**

**Paris sogar — zuweilen hat's den Sparren —
Ging blind und gierig auf des Schwindlers Leim;
Es fraß Paris an dir sich einen Narren
Und sang dich an mit dem Paradereim.
Du warst sein Mann auf deinem schwarzen Rosse,
Als dir der Nimbus noch nicht abgestreift . . . .
Der Vorhang fällt, zu Ende ist die Posse,
Und der Pariser ärgert sich und pfeift.**

**Vierhundertmal bist du zur Wahl gegangen,
Vierhundertmal hast du dein Volk gezählt,
Das dich ersehnt mit brünstigem Verlangen,
Und nur ein Dutzendmal bist du gewählt!
Ein Resultat, das alles Müh'n von Jahren
Und alle Hoffnung schwer zu Boden tritt,
Ein Resultat, um aus der Haut zu fahren,
Wenn man gepocht auf dieses Plebiszit!**

**Du wirst nicht länger die Franzosen spalten,
Wie du es viel zu lange schon gethan;
Gieb auf dein Spiel, es ist nicht mehr zu halten,
Und deine Cäsarrolle war ein Wahn.
Das wundert dich? Es fielen alle Trümpfe
Aus deiner Karte in derselben Nacht,
Der Unglücksnacht, in der du auf die Strümpfe
Vor einer bloßen Drohung dich gemacht.**

**Du hast wohl keinen Ueberfluß an Haaren —
Sei klug, mein Freund, und raufe sie nicht aus!
Du hast die Karre in den Koth gefahren
Und keine Reue zieht sie mehr heraus.
Ein weiser Mann streckt sich nach seiner Decke
Und baut in Frieden fleißig seinen Kohl;
Verkrieche dich in eine stille Ecke —
Dabei ist dir und den Franzosen wohl!**

Die Krönung des Gebäudes.

Rückseite.

So schön von vorne auch das Haus,
Von hinten ist's ein wahrer Graus;
Das Wohlgefügte ist verschwunden,
Nichts ist da kunstgerecht verbunden.

Graf Mirbach hält die Rente knapp,
Der Freisinn sägt's Prinzip noch ab;
Und Windthorst giebt mit kräft'gen Schlägen
Der Reichsanstalt den schwarzen Segen.

So mancher starker Balken war
Von Bebel offerirt der Schaar,
Man hieb ihn ab, schob ihn bei Seite,
Schaut auf dem Dach euch an die Leute!

Edle Seelen finden sich!

Herr „Maximilian Schlesinger scheint seine Zeit für gekommen zu erachten", „wo er als Führer der Sozialdemokratie, wenigstens in Breslau, wieder auftreten kann."

Hr. v. Hammerstein
i. d. „Kreuzzeitung" Nr. 435.

Maximilian Schlesinger:
Nun genug Lassalle und Marx,
Ledig bin ich all' des Quarks
Und ich schmiede mein System,
Wie mir's grade ist bequem.

Herr von Hammerstein:
Sei willkommen, großer Mann,
Der den Marx vernichten kann,
Wenn du auch kein guter Christ
Und aus Palästina bist.

Maximilian Schlesinger:
Was, mein lieber Herr von Hammer-
Stein, beginn' ich in dem Jammer?
Denn die Sozialisten schrei'n,
Ich sei nicht mehr ladenrein.

Herr von Hammerstein:
Hurrah, Knüppel aus dem Sack!
Komm', ich trag' dich huckepack!
Du wirst bald, auf meinen Rath,
Sozialistenkandidat.

Jacob:
Herr von Hammerstein, wir können
Solche Leutchen Euch vergönnen;
Tragt ihn nur, wenn's nach Geschmack,
Lebenslänglich huckepack!

Karl Lüth's wunderbare Erlebnisse unterm Sozialistengesetz im Jahre 1889.

Januar.

Flugblatt verbreiten sollst du nicht,
Sonst geht mi dir man in's Gericht.

Februar.

Doch Lüth verbreitet frank und frei,
Dafür packt ihn die Polizei.

März

Jetzt sitzt Karl Lüth im Loche drin,
Es fährt ihm manches durch den Sinn.

April.

Die neunte Woche sitzt er schon,
Das ist fürwahr ein bitt'rer Lohn.

Mai.

Karl Lüth hält stramm dem Richter Stand,
Drei Monat kriegt er aufgebrannt.

Juni.

Wenn's auch in Plötzensee recht kitzlich,
Doch macht sich Lüth nach Kräften nützlich.

Juli.

Er avancirt zuletzt zum Koch,
Da giebt es Extrahappen noch!

August.

Und endlich darf er heimwärts ziehn,
Mit Note 1 belohnt man ihn.

September.

Die „Freiheit“ muß befeuchtet werden,
Das machen Menschen so auf Erden.

Oktober.

Vom Arbeitsschutz Lüth referirt,
Das Thema ihn enthusiasmirt.

November.

Doch kaum gedacht, kaum gedacht,
Wird der Lust ein End' gemacht.

Dezember.

Im Kasten sitzt Karl Lüth schon wieder,
Und Dichter singen Freiheitslieder.

Bum, bum, bum, bum!
Ich bin ein guter Schütze,
Die Pfeile meiner Witze
Die treffen scharf und gut
Wohl die Reptilienbrut
Und was da schlecht und dumm.
Bum, bum, bum, bum!

Bum, bum, bum, bum!
Es fliegen meine Pfeile
Flott wie die Donnerkeile.
Sie fliegen hageldicht,
In Rücken, ins Gesicht
Und machen lahm und krumm.
Bum, bum, bum, bum!

Bum, bum, bum, bum!
Wie sie sich winden, krümmen,
In ihrem Blute schwimmen,
Wenn meine Kanone kracht;
Indeß von Herzen lacht
Das ganze Publikum.
Bum, bum, bum, bum!

Beim Reichs-Schneider.

Rudolph v. B.: Einmal beim Ausmessen dürfen Durchlaucht nur befehlen, ob ich den Rock auf hundert Jahre oder gleich auf die „Ewigkeit" anpassen soll?

Preßprozeßliches.

Ein Mann schrieb eine Mordgeschicht'
Aus neunundneunzig Tagen.
Er wußte manche Neuigkeit
Wohl aus des Kaisers Friedrich Zeit
Dem deutschen Volk zu sagen.

Man wollte, so enthüllt er uns,
Den Kanzler erst verdrängen.
Dann wollt' auf Eugen Richter's Rath
Man einen neuen Welfenstaat
Wohl über's Reich verhängen.

Lothringen-Elsaß wollte man
Zunächst verauktioniren,
Der Battenberger sollt's ersteh'n,
Sollt' es zum Königreich erhöh'n,
Und sollte dort regieren.

Puttkamer, den das Schicksal liebt,
Den wollte man beschuld'gen,
Daß er beeinflußt hab' die Wahl,
Und daß der Freiheit manches Mal
Er hab' versäumt zu huld'gen.

Zum Kanzleramt sei Richter schon
Nebst Windthorst angepriesen,
Franzosen böt' man Freundschaft an,
Und statt mit Rußland wollte man
Mit England Bündniß schließen.

So habe Alles man geplant,
Doch sei es nicht gelungen,
Es sei, weil Friedrich bald verblich
Und Bismarck nicht vom Platze wich,
Puttkamer nur gesprungen.

Das steht geschrieben als „Programm
Aus neunundneunzig Tagen".
Herr Harmening hat's nicht geglaubt,
Er hat geschüttelt nur sein Haupt,
Um „Wer da?" dann zu fragen.

Doch, als er jetzt sein „Wer da?" schrieb,
Da rutscht' ihm aus die Feder.
Bekämpfend den Enthüllungsmann
Griff stark er einen Herzog an,
Man stieg ihm nun auf's Leder.

Sechs Monden hat der Harmening
Laut Urtheil dran zu kauen,
Die Weimaraner müssen nun,
Wie es bereits die Greizer thun,
Auch eine Festung bauen.

Ein Glücklicher.

A.: Heute fühle ich zum ersten Male so recht deutlich, daß Weihnachten das Fest der Erlösung ist.

B.: Warum heute?

A.: Weil mir gestern meine Frau durchgegangen und verschwunden ist.

Der Boykott in Sachsen.

Godd Schdrambach! Sein de Sozialen
Nu uff'n Boygodd gar erbichd,
Se woll'n gee Bier nich mehr bezahlen,
Da wo mer geene Säle grichd.

Nu möchd' mer'n Boygodd gerne schdrafen,
Doch gehd Sie's leider gar nich gud,
Weil geener aller Baragrafen
Das Saufen anbefehlen duhd.

Drum fuchst Eich nich, Ihr guden Dierchen,
Gebd lieber Eire Säle her,
Sonst drinken die bei Eich gee Bierchen,
Un wenn's aus Minchen selber wär!

Wettstreit.

Ein Talglicht und ein Wachslicht,
Die hatten Beide Streit,
Wer wohl am Besten brenne
Zur schönen Weihnachtszeit.

Ich stamme, protzt das Talglicht,
Vom nationalen Rind!
Du nur von Arbeitsbienen,
Die Gott weiß wo her sind.

Du zogst aus Wiesenblumen,
Aus Unkraut Deine Kraft —
Ich stamme von dem Fette
Der deutschen Landwirthschaft!

Da kam, den Streit zu schlichten,
Der Weihnachtsmann daher.
Er sprach: Ihr leuchtet Beide,
Du, Talglicht, stinkst nur mehr.

Im Examen.

Professor: Wer ist der Geist, der stets verneint?

Student: Minister v. Bötticher, wenn im Reichstage von Arbeiterschutz die Rede ist.

Zeitschwingen.

„Ganz abgethan ist der Wohlgemuth-Fall",
Graf Bismarck im Parlamente sprach,
Und sieh, die weisen Staatsmänner all,
Sie jubelten seinem Ausspruch nach.
Der Wohlgemuth mag sein abgethan,
Der „Fall", der kommt wohl noch öfter dran.

* *

„Soll ich, soll ich, soll ich vielleicht nicht",
Der Nationalliberale spricht,
Soll ich ausweisen nur auf Zeit,
Und dann verlängern auf Ewigkeit?
O wär' ich ein Mädchen, im Gras würd' ich springen
Und Gänseblümchen zupfen und singen:
„Soll ich, soll ich, soll ich vielleicht nicht?
Ach, ich bin kein Mädchen, o schwierige Pflicht!"

Erscheint monatlich zweimal.

Zu beziehen durch alle Buchhandlungen und Kolporteure, sowie durch die Post (eingetragen unter Nr. 6326 a).

Blitzdrahtmeldungen.

Berlin. Zur Feier des ersten Mai ist die ganze Stadt beflaggt. Abends Illumination, wobei jedem Reaktionär über die Bedeutung der verkürzten Arbeitszeit ein Licht aufgesteckt wird. Oberbürgermeister Forckenbeck spendet den städtischen Straßen-, Gas- und Wasser-Arbeitern ein Festessen. v. Kleist-Retzow hält die Festrede.

Leipzig. Das Hindern des Götzendienstes wird jetzt strenge bestraft. Ein Arbeiter vertobackte einen Studenten, der bei der Wahl Götzen diente, und erhielt dafür 10 Monate Zwickau.

Elberfeld. Damit auch beim Reichsgericht am 1. Mai alle Arbeit ruhen könne, hat Staatsanwalt Pinoff seinen Einspruch gegen die Freisprechung der Sozialisten zurückgezogen.

Paris. Nachdem über das Verbot der Kinder-Arbeit internationale Einigung erzielt ist, wird man hoffentlich auch die chauvinistische Nationalitäten-Verhetzerei verbieten, denn es giebt keine Arbeit, die kindischer ist, wie diese.

Afrika. Bana Heri hat den allgemeinen Streik proklamirt und verhält sich den Deutschen gegenüber unthätig, weshalb das Geschäft des Lorbeerpflückens auch bei den Wißmännern gänzlich darnieder liegt.

Zum 1. Mai.

Sänger des Volkes, greife zur Leyer!
Rauschet, ihr Saiten, gewaltig und frei!
Heute ja gilt's der Verbrüderungsfeier,
Gilt es der Feier vom Ersten des Mai.

Fern von der Themse nebligem Strande
Bis zu dem sonnigen Ufer des Po –
Einig die Völker in jeglichem Lande,
Reichen die Hände sich muthig und froh.

Streben vereint nach dem Ziele, dem hehren!
Männer der Arbeit, wacker und schlicht,
Heben die Häupter, die sorgenschweren,
Heben die Blicke empor zum Licht.

Steigen hervor aus den rußigen Hütten,
Auf aus der Berge ewiger Nacht,
Wo sie geschafft und gekämpft und gelitten
Werden bewußt sich der eigenen Macht.

Aber kein Hassen trieb sie, kein Grollen,
Daß sie sich einten, zu Thaten bereit –
Herrlich ein friedliches Banner entrollen
Sie in dem tobenden Kampfe der Zeit.

Acht Stunden Arbeit! in rüstigem Schaffen
Wollen sie tragen, wie Atlas die Welt,
Nimmer im fleißigen Wirken erschlaffen,
Welches die Menschheit ernährt und erhält.

Acht Stunden Ruhe! im Schlummer der Frieden
Nach der Gewerkschicht verzehrender Haft,
Unverkürzt sei er dem Braven beschieden,
Wenn er getragen der Arbeit Last.

Acht Stunden Muße! die Wonnen genießen,
Welche die Erde entfaltet so frei,
Sich freuen, wo liebliche Blumen sprießen,
Und athmen die Düfte im blühenden Mai;

Werke der Denker und Dichter zu lesen,
An Kunst zu veredeln den strebenden Sinn,
Erkennen des Menschengeists Walten und Wesen,
Zum eigenen und zu des Volkes Gewinn;

Liebend als Gatte und Vater zu wachen
Ueber die Seinen in Ernst und Spiel,
Zu lauschen dem glücklichen Kinderlachen –
Kurz: acht Stunden Mensch sein! ist es zu viel?

Ihr, die Ihr stolz auf des Lebens Höhen
Wandelt und nicht in die Tiefen schaut,
Nur schwer könnt die Sprache des Volks Ihr verstehen,
Drum tönet die Losung so mächtig, so laut!

Wer ihr Gehör auch noch wollte versagen,
Wisse: die mahnende schweigt nicht mehr!
Laut wird sie von Lande zu Lande getragen,
Laut donnert sie über die Meere daher!

Einig die Arbeitsmänner der Erde
Ordnen die Reihen und ziehen auf Wacht,
Sind heute nicht mehr die ziellose Heerde,
Bilden der Zukunft erstehende Macht.

Freudig darob uns're Herzen erglühen!
Wallend erhebet das Banner sich frei!
Bald wird der Lorbeer des Sieges erblühen
Der muthigen Losung vom ersten Mai!

M. K.

Die arbeiterfreundlichen Politiker.

1.

„Die Herren da oben strengen sich derart für mein Wohl an, daß ich dabei immer weiter herunterkomme."

2.

„Jetzt muß ich eingedenk des Sprichwortes: Hilf dir selbst, so hilft dir Gott es doch einmal selbst versuchen."

Aus dem Gerichtssaal.

Der Kurzsichtige.

Kartells Abschied vom Sozialistengesetz.

Das ist im Leben häßlich eingerichtet,
Daß bei den Dornen gleich die Rosen stehn!
Wie schön war schon das Ausnahmsrecht verdichtet,
Nun muß es wieder auseinandergehn.
Wie fegt' es sich so gut mit diesem Besen,
Ganz ohne die jurist'schen Düftelei'n!
Behüt' dich Gott, es wär' so schön gewesen,
Behüt' dich Gott, es hat nicht sollen sein!

Groll, Neid und Haß, auch ich hab' sie empfunden,
Wir schöpften reichlich aus des Hasses Born,
Doch war der Gegner spielend überwunden,
Wenn i h m ins Antlitz trat der Männerzorn.
In deinem Schutze wollt' ich ganz genesen,
Zum Dank dir ewiges Bestehen weihn
Behüt' dich Gott, es wär' so schön gewesen,
Behüt' dich Gott, es hat nicht sollen sein!

Die Wolken fliehn, der Wind saust durch die Blätter,
Schwarz liegt der Wald und still um Friedrichsruh,
Es hat sich just geändert rasch das Wetter,
Von dort kommt keine Hilfe mir mehr zu.
Das Schicksal wandte sich für mich zum Bösen;
Du Zwangsgesetz, in Trauer denk' ich dein!
Behüt' dich Gott, es wär' so schön gewesen,
Behüt' dich Gott, es hat nicht sollen sein!

Mit Volldampf voraus

1891 - 1914

Der wahre Jacob 1892

Der gefesselte Prometheus.

Wer hilft mir
Wider des Titanen Uebermuth?

Wer rettet vom Tode mich,
Von Sklaverei?

Selbst sollst du Alles vollenden,
Heilig glühendes Herz.

(Frei nach Goethe.)

Merkwürdige Frage.

Engländer: Was ist das?
Der wahre Jacob: Das ist Bismarck's Sozialreform.

Im Schachte.

Es brütet mit gedankenschweren Mienen
Der alte bärt'ge Gnom im tiefen Schacht
Und spricht: „Heut' ist kein Einziger erschienen;
Schon wieder Streik! Ich hab' mir's längst gedacht.
Wie dauern mich, den Erdengeist, die Braven,
Wie geht mir nah ihr düsteres Geschick!
Sie frohnen hart als unterird'sche Sklaven,
Die Sonne selbst verhüllt ist ihrem Blick.

Wie lange wird der heiße Kampf noch währen,
Der zwischen Arbeit tobt und Kapital?
Wie lange noch die Menschenwelt verheeren?
Die schöne Erde sein ein Jammerthal? —
Getrost! Dem Volk wird sich der Himmel klären
Und enden Sklaverei und Kampf und Qual.
Die Kohle selber giebt der Zeit das Zeichen
Und Kraft, die Gegensätze auszugleichen.

Des Wassers Fluthen und des Feuers Flammen,
Ein jedes ist des andern grimmer Feind.
Jedoch es führt die Kohle sie zusammen,
Im Kessel sind zur Ehe sie vereint.
Und staunend sieht der Mensch dem Bund entstammen
Den Dampf, der ihm an Kraft ein Riese scheint
Und mit Cyklopenarmen, Eisenzähnen,
Ihm willig dienend stillt sein Wünschen, Sehnen.

Der Riesenkraft dereinst auch wird gelingen
Daß Arbeit sich mit dem Besitz vermählt,
Ein Menschenreich wird dann dem Bund entspringen,
Ein herrliches, drin Niemand Mangel quält.
Und glorreich wird der Menschengeist die Schwingen
Entfalten frei, von Thatenlust beseelt.
Das Unrecht wird dem Guten unterliegen:
Das Volk der Arbeit wird sein Recht ersiegen."

„Es hängt Gewicht sich an Gewicht."

Nelken.

Früh Morgens, wenn die Sonne schien,
Kam eine Maid gegangen,
Mit frohem Blick und heller Mien'
Und sanften rothen Wangen;
Das schlichte saubre Arbeitskleid
Umspann die Brust, die runde,
Als einz'gen Schmuck die liebe Maid
Ein Nelklein hielt im Munde.

„Grüß Gott Dich, schöne Jungfer fein!"
„Grüß Gott," sprach sie gelassen;
Da wollt' ich nach dem Nelkelein
Mit schnellem Griffe fassen;
Sie aber bog sich stolz zurück
Mit ihrem Mund, dem rothen,
Und sprach zu mir mit strengem Blick:
„Das Rauben ist verboten!"

So traf ich sie des Morgens früh,
Bald auch in Abendstunden;
Da hat aus duft'gen Nelken sie
Manch' Sträußchen mir gebunden;
Und als verblüht im Gartenbeet
Die Blumen all', die rothen,
Hat sie mir früh und Abends spät —
Den rothen Mund geboten.

J. A.

Uebereifer.

Köchin: Leider war auf dem Markte nicht eine junge Gans zu finden.

Junge Hausfrau (ärgerlich): Ach was; ich werde sofort selbst auf den Markt gehen, um Ihnen zu beweisen, daß eine Gans da ist.

In der Schule des Lebens.

Von **Max Kegel.**

Die heitern Strahlen der Frühlingssonne beleuchteten einen reichlich besetzten Frühstückstisch. Es gab Schinken, kaltes Geflügel, Caviar und andere gute Dinge, auch eine schlanke Weinflasche erhob sich zwischen den Tellern und der Niersteiner funkelte im Glase wie flüssiges Gold.

An diesem Tische saß der junge Eisenwaarenfabrikant Schindler und speiste mit trefflichem Appetit.

Er war ein Freund von gutem Essen und Trinken, der Herr Schindler. Seine Gestalt neigte schon zur Fülle, seine röthlichen Wangen waren sanft gerundet. Ueber seine Mienen breitete sich gegenwärtig ein Hauch von Zufriedenheit. Seine Stirne war wolkenlos wie der Frühlingshimmel und seine Augen schienen zu lächeln — das Frühstück war auch wirklich ausgezeichnet.

Um so unangenehmer war Herrn Schindler eine Störung, welche diese Stunde des Genusses kürzte. Ein Schreiber meldete, daß einige Arbeiter aus der Fabrik, so eine Art „Deputation," den Herrn Chef zu sprechen wünschten.

„Was wollen die Leute?" fragte Schindler ärgerlich.

„Sie kommen wegen des ersten Mai," antwortete der Schreiber.

Herr Schindler drehte sich auf seinem Sessel um. „Ersten Mai? Was ist denn das wieder für ein Unsinn? . . . Ja so, hab' etwas davon im „Tagblatt" gelesen — da will man blau machen, will mit Franzosen und Türken über das Arbeiten schimpfen — ist's nicht so?"

Der Schreiber verbeugte sich. „So ähnlich," sagte er. „Diesmal wollen die Arbeiter Ihrer Fabrik jedoch weniger demonstrativ als praktisch vorgehen. Sie wollen Ihnen Vorstellungen machen, um Sie zu bewegen, die zwölfstündige Arbeitszeit vorerst auf zehn Stunden herabzusetzen."

Herr Schindler warf einen Blick auf die Reste seines Frühstücks und wurde ungeduldig.

„Solche Vorstellungen sind ganz überflüssig," sagte er. „Die Arbeiter sollen doch froh sein, daß sie zwölf Stunden arbeiten dürfen! Je länger sie arbeiten, je mehr verdienen sie ja, die dummen Menschen."

Die Deputation wurde abgewiesen; Herr Schindler schenkte sich ein frisches Glas ein und gab sich Mühe, den Zwischenfall zu vergessen.

* * *

Es kam der Mai mit all' seiner Blüthenpracht, es kamen des Sommers heiße Tage — die Arbeiter der Schindler'schen Fabrik genossen nur wenig von den Reizen der herrlichen Jahreszeit; zwölf Stunden täglich standen sie bei den rastlos stampfenden Maschinen, und eine schwarze Rauchwolke lagerte über den Betriebsgebäuden, das Sonnenlicht verdunkelnd.

Im Spätsommer wurde diese Rauchwolke dünner, einer der großen Dampfschlote war außer Dienst gesetzt. Dagegen zeigten sich Wolken auf der sonst so heitern Stirn des Herrn Schindler. Er beschied seinen ersten Werkmeister zu sich.

„Sagen Sie mir, was geht vor?" frägte er diesen mit einem Ausdruck von Aengstlichkeit, die seinem pausbäckigen Antlitz etwas Komisches gab. „Wir kommen zurück, wir arbeiten mit Defizit; wenn das noch ein paar Monate so fortgeht, bin ich ruinirt, und daneben kommt mein Konkurrent, der Fabrikant Dietrich in Lagsdorf, immer mehr in die Höhe — woran liegt das?"

Der Werkmeister zuckte die Achseln. „Einen der Gründe, die da mitwirken," sagte er, „habe ich schon erkannt. Die Arbeit des Dietrich gilt für besser als die unsrige, er hat einen auserlesenen Stamm von Arbeitern und gerade diesen Sommer sind eine Anzahl unserer besten Leute direkt zu ihm übergegangen."

Schindler war verblüfft. „Warum haben sie mir das angethan? Mir, dem humansten Arbeitgeber, der nur ihr bestes will?"

„Der Grund liegt nahe," meinte der Werkmeister. „Drüben bei Dietrich wird zehn Stunden gearbeitet, bei uns zwölf. Die Kräfte seiner Arbeiter werden nicht so übermäßig angestrengt, wie es bei uns der Fall ist; sie sind frischer und können Besseres leisten."

Herr Schindler schüttelte den Kopf. „Je weniger Einer arbeitet, desto mehr soll er leisten können? — Das begreife ich nicht."

Er ließ sich zu keiner Reform in seiner Fabrik herbei — Reformen waren ihm immer ein Gräuel. Er begriff den Nutzen der kürzeren Arbeitszeit wirklich nicht — aber eines Tages begriff er etwas Anderes, nämlich, daß er bankerott war. Der Betrieb stockte gänzlich, die Ge-

richtsvollzieher kamen und der amtlich eingesetzte Verwalter der Masse nahm Herrn Schindler seine ganze Arbeit ab, er nahm sogar dessen Platz im Komptoir ein. Herr Schindler hatte nun Zeit, den ganzen Tag zu frühstücken, aber es schmeckte ihm gar nicht mehr recht, auch bemerkte er mit Entrüstung, daß Wein- und Delikatessenhändler nur noch gegen baar an ihn liefern wollten und daß das baare Geld in seiner Tasche ganz allmälig geschwunden war.

* * *

Einige Monate waren wieder verstrichen. Die Gläubiger des Herrn Schindler hatten herausgeschlagen, was herauszuschlagen war. Die Fabrik war an den alten Leberecht Habicht übergegangen, ein Verwandter des früheren Besitzers; beide lebten aber in bitterer Feindschaft, denn Schindler hatte vor Jahren einen Prozeß gegen Habicht geführt und diesen gewonnen; dies konnte ihm der Alte nicht vergessen und vielleicht gerade seinem Verwandten zum Trotze hatte er die Fabrik an sich gebracht und mit seinen Kapitalien wieder in Betrieb gesetzt.

Hier fand also Schindler kein Unterkommen; er hatte nun versucht, seine kaufmännischen Kenntnisse zu verwerthen und Stelle in einem Komptoir zu suchen. Aber dabei stellte sich heraus, daß hierzu seine Fähigkeiten nicht genügten. Dies kränkte ihn sehr, denn er hatte sich immer für einen großen Kaufmann gehalten mit der berechtigten Anwartschaft auf den Kommerzienrathstitel.

Der Hunger wurde mittlerweile täglicher Gast bei Schindler, und als der Winter hereinbrach, nahm die Noth so große Dimensionen an, daß der gewesene Fabrikant sich wohl oder übel entschließen mußte, zu dem letzten Mittel zu greifen. Er klagte einem seiner früheren Werkführer seine Noth und bat ihn um des Himmelswillen, er möge etwas für ihn thun, da alle seine Freunde ihm herzlos den Rücken gekehrt hätten.

Der Werkführer, dem ein menschliches Herz unter seinem Kittel schlug, versprach zu helfen und er half auch. Freilich mußte Schindler als einfacher Arbeiter in einer Fabrik eintreten. Es war aber geschehen unter völliger Geheimhaltung seines Namens. Und nun hatte Schindler Brot, das er im Schweiße seines Angesichts essen durfte. Vor Kurzem noch Unternehmer und nun Arbeiter — das war hart, aber es blieb dem armen Schindler keine Wahl. Bald stand er in Reih' und Glied im großen Arbeitssaale, in schmutziger, ölgetränkter Blouse und rackerte sich ab, wie die andern. Seine wohlgepflegten Hände schmerzten und brannten, sein Kopf brummte ihm von dem ewigen Getöse, dem Hämmern und Stampfen, und die Tage, die langen Arbeitstage, sie wurden ihm zur Ewigkeit.

Früh beim Lichte der Gasflamme schon schaffen, dann den kurzen, bleichen Wintertag vorüberziehen sehen, und dann wieder Stunde um Stunde in heißer, staubgefüllter Luft unter der grellflackernden Gasflamme stehen und schaffen, immer schaffen ohne Rast — das schien ihm die Qual der Hölle, wie sie die glühende Phantasie eines Dante nicht schrecklicher schildern konnte. Und doch war es nicht die zwölfstündige Arbeitszeit, sondern die Fabrik, in welcher Schindler arbeitete, besaß längst den zehnstündigen Arbeitstag.

Der Winter ging vorüber; die Noth lehrt beten, und aus Schindler war ein leidlicher Arbeiter geworden. Aber die Fülle seines Körpers war verschwunden, seine Wangen waren eingefallen und zeigten nicht mehr die frühere gesunde Röthe. Er konnte es nicht begreifen, daß man Menschen zu so harter Sklavenarbeit verurtheilt und ihnen dafür so kärgliche Löhne zahlt, die nicht einmal zu kräftiger Nahrung und menschenwürdiger Wohnung reichen, während die Besitzenden doch Alles im Ueberfluß haben. Daß er selbst einst zu den Bevorzugten gehört hatte, daran dachte er nicht mehr; die Zeit seines Wohllebens war wie ein schöner Märchentraum hinter ihm versunken, und vor sich sah er nur die Nacht des Elends, in welches er verfallen würde, wenn seine im Uebermaß angestrengten Kräfte erlahmten.

So saß er eines Morgens in der Frühstückspause schweigend auf seinem Schemel und verzehrte ein Stück Brot mit Käse. Er bemerkte, daß seine Arbeitskollegen in einem Winkel eifrig diskutirten, wobei ab und zu ein Blick auf ihn fiel, so daß er bereits bangte, er sei verrathen. Dem war jedoch nicht so. Einer seiner Kollegen näherte sich und frug ihn, ob er gewillt sei, die Wahl in eine Deputation anzunehmen; man habe beschlossen, bei allen Fabrikanten des Kreises vorstellig zu werden, die noch nicht die zehnstündige Arbeitszeit eingeführt hatten. Ganz besonders habe man aber die Habicht'sche Fabrik ins Auge gefaßt, wo noch zwölf Stunden gearbeitet würde.

Schindler wurde es bald kalt, bald heiß bei dieser Unterredung. Er, der vor Jahresfrist eine solche Deputation schnöde abgewiesen hatte, sollte jetzt selbst als Deputirter zu Habicht, zu seinem Todfeinde gehen. Ha, wie würde sich dieser freuen, wenn er ihn in einer solchen Lage, als Bittenden vor sich sehen würde. Und dennoch, gerade er war der Mann dazu, der das richtige Wort sprechen konnte, sagte sich Schindler; ja, er sei sogar dazu verpflichtet, da er jetzt persönlich es kennen gelernt hatte, wohin die übermäßig lange Arbeitszeit führt.

Mit einem an Heroismus grenzenden Entschluß sagte Schindler zu und nahm die auf ihn gefallene Wahl an.

Acht Tage vor dem ersten Mai sollten die verschiedenen Fabrikanten besucht werden. Die Deputation hatte sich zusammen gefunden und trat die Wanderung an. Zuerst wollte man in die Habicht'sche Fabrik, die ca. zwei Stunden entfernt am Abhang des Gebirges lag. Ein Stellwagen brachte die Deputation baldigst dorthin. Als sie vor das Fabrikthor anlangten, bemerkten die Deputirten eine merkwürdige Unruhe an allen Leuten, die ihnen begegneten.

Der Portier, der erst auf wiederholtes Klingeln erschien, erklärte ihnen, daß sie die Zeit ihres Besuchs schlecht gewählt hätten, — der Herr Habicht sei gestern Abend gestorben. Mittlerweile hatte der Portier den Deputirten Schindler schärfer ins Auge gefaßt; er erkannte ihn als seinen früheren Herrn und rief endlich aus:

„Nee, was Sie das aber for'n Glück is, Herr Schindler, daß Sie so unverhofft uns beide besuchen. — Denken Sie sich, der Herr Habicht hat ja gar keene Verwandten nich mehr als Sie, un nu werden Sie

„Nee, was Sie das aber for'n Glück is, Herr Schindler, daß Sie uns beide besuchen.“

wieder Besitzer von der Fabrik und's scheene Haus. Ganz gewiß, Herr Schindler, so is es, der Herr Rechtsanwalt, der noch nebenan im Wohnhaus is, werd Se's bestätigen."

Nun war es aber an den Mitgliedern der Deputation, große Augen zu machen. Sie wollten zum Fabrikanten, um ihn zur Einführung der zehnstündigen Arbeitszeit zu bewegen, und mittlerweile hatten sie den Fabrikanten selbst in der Deputation.

Die Aeußerung des Portiers fand bald ihre Bestätigung durch den herbeigerufenen Rechtsanwalt. Der alte Habicht war ohne Testament gestorben und danach war Schindler als einziger noch lebender Verwandter der Erbe. Er trat wieder in den Besitz der Fabrik und hatte nun zu entscheiden, wie es ferner mit der Arbeitszeit gehalten werden sollte.

„Nun wird er wieder ein Protz werden," meinten einige Pessimisten.

Aber damit thaten sie ihm doch Unrecht; die Schule des Lebens hatte ihn zu einem andern Menschen gemacht. Er konnte die Tage am Schraubstock nicht vergessen, er wußte jetzt, was die Arbeiter wirken, fühlen und leiden. Schindler verkündigte, daß er ihren Wunsch, die zehnstündige Arbeitszeit einzuführen, unbedingt ablehne. Er wolle vielmehr sofort den achtstündigen Arbeitstag in seiner Fabrik ins Leben rufen, außerdem werde er zum Wohle der Arbeiter Alles ins Werk setzen, was sich innerhalb der heutigen Produktionsweise zu ihren Gunsten thun lasse.

Unter solchen Umständen verlief die Feier des ersten Mai in der Fabrik sehr heiter. Schindler hielt Wort, er läßt nur acht Stunden arbeiten, zahlt anständige Löhne, und das Unternehmen prosperirt jetzt, denn Jeder thut seine Schuldigkeit, ohne daß es der Androhung von Strafen bedarf.

Möge jeder Fabrikant eine Zeit lang als Arbeiter in Reih und Glied stehen, wie unser Schindler es hat thun müssen, und der erste Mai würde bald ein Markstein der fortschreitenden Kultur sein, wie keiner zuvor.

Aus der politischen Wurstküche.

Ja, mit Stolz kann jeder Deutsche
Schauen auf das Vaterland,
Wo man seine Lieblingsspeise
Fabrizirt mit kund'ger Hand.

Hurtig, hurtig, ihr Gesellen,
Scheut den Hunger nicht und Durst,
Bis das hohe Ziel erreicht ist:
Jedem Deutschen seine Wurst!

Naturgeschichtliches.

Die Kreuzspinne (Epeïra Miquel).

Ein Kulturbild.

Vater: Kinder, was bedeutet denn der Heidenlärm, den Ihr vollführt?
Hans: Papa, wir spielen „das Ende des 19. Jahrhunderts."

Aus unserer Laterna magica.

Hier fordert Lohn ein Arbeitsmann –
Ihn trifft der Schwarzen Fluch und Bann,
Die Polizei zuweilen auch,
Die trifft ihn mit dem Gummischlauch.

Sodann den bösen Wuch'rer seht,
Wie dieser sein Geschäft versteht;
Den kleinen Bauern würget er
Und küßt den Schuh vom Militär.

Der sonderbarste Kauz zuletzt
Ist jener, der die Juden hetzt,
Und schwärmt für's Kapital entzückt,
Das jeden Handwerksmann erdrückt.

Allzeit voran!

Allzeit voran! Laßt sie bellen, die Hunde,
Vorwärts geht es zu jeglicher Stunde.
Vorwärts gehts auf der Aufklärung Bahn,
Trotzend den Kläffern! Allzeit voran!

Land auf, Land ab in die Finsterniß schon
Leuchtet die Fackel der Agitation,
Es kommen der Zukunft Herolde an,
Rufend dem Volke: Allzeit voran!

Vorwärts! Hier ist der Erlösung Pfad!
Vorwärts auf sausendem, rollendem Rad!
Das halten die wüthenden Kläffer nicht an,
Die Losung ertönet: Allzeit voran!

Auch eine Arbeitslosen-Versammlung.

In der Generalversammlung der Aktiengesellschaft „Schnapphahnia" herrscht großer Tumult. Der Aufsichtsrath will nur zehn Prozent Dividende bewilligen, während die Aktionäre fünfzehn haben wollen. Polizisten mit Gummischläuchen zum Dreinschlagen waren merkwürdigerweise nicht vorhanden.

Nachklänge von der Maifeier.

Hollah, ihr Leute vom Besitz,
Von Bildung und Verstand,
Weshalb verläßt euch euer Witz,
Erbleicht ihr wie die Wand?

Der Arbeit Söhne ziehen aus
Zu feiern ihren Mai, —
Sie jauchzen froh ins Land hinaus,
Die Welt wird wieder frei!

Dreimal der Arbeit ein Hurrah,
Die Gleichheit sei's Panier,
Als Brüder stets die Welt uns sah,
Der Freiheit leben wir!

Staatliche Fürsorge und Arbeitslosigkeit.

Der gramerfüllte Arbeitsmann
Schaut kaum das Prunkgericht sich an,
Voll Kümmerniß der Arme spricht:
Das hilft mir nicht!

Ich bin gesund, nicht alt, noch krank,
Doch arbeitslos schon wochenlang —
Wer giebt, wenn Alles schreit nach Brot,
Mir in der Noth?

Und schmälern wollt ihr noch mein Recht,
Politisch soll ich sein ein Knecht!
Wagt's nur, nicht schreckt die Drohung mich,
Drauf pfeife ich!

Klassengegensätze.

Die Fabel von dem Hute des Landvogts Geßler
in neuer Auflage.
Kapitalismus.
Coupon-Scheere
Dem Hut soll gleiche Ehre, wie ihm selbst geschehn,
Man soll ihn mit gebog'nem Knie und mit
Entblößtem Haupt verehren, — daran will
Gott Mammon die Gehorsamen erkennen.
Schau hin, die Herren ducken sich gar fein,
Der Proletarier darf ihn stolz verachten.
(Frei nach Schiller.)

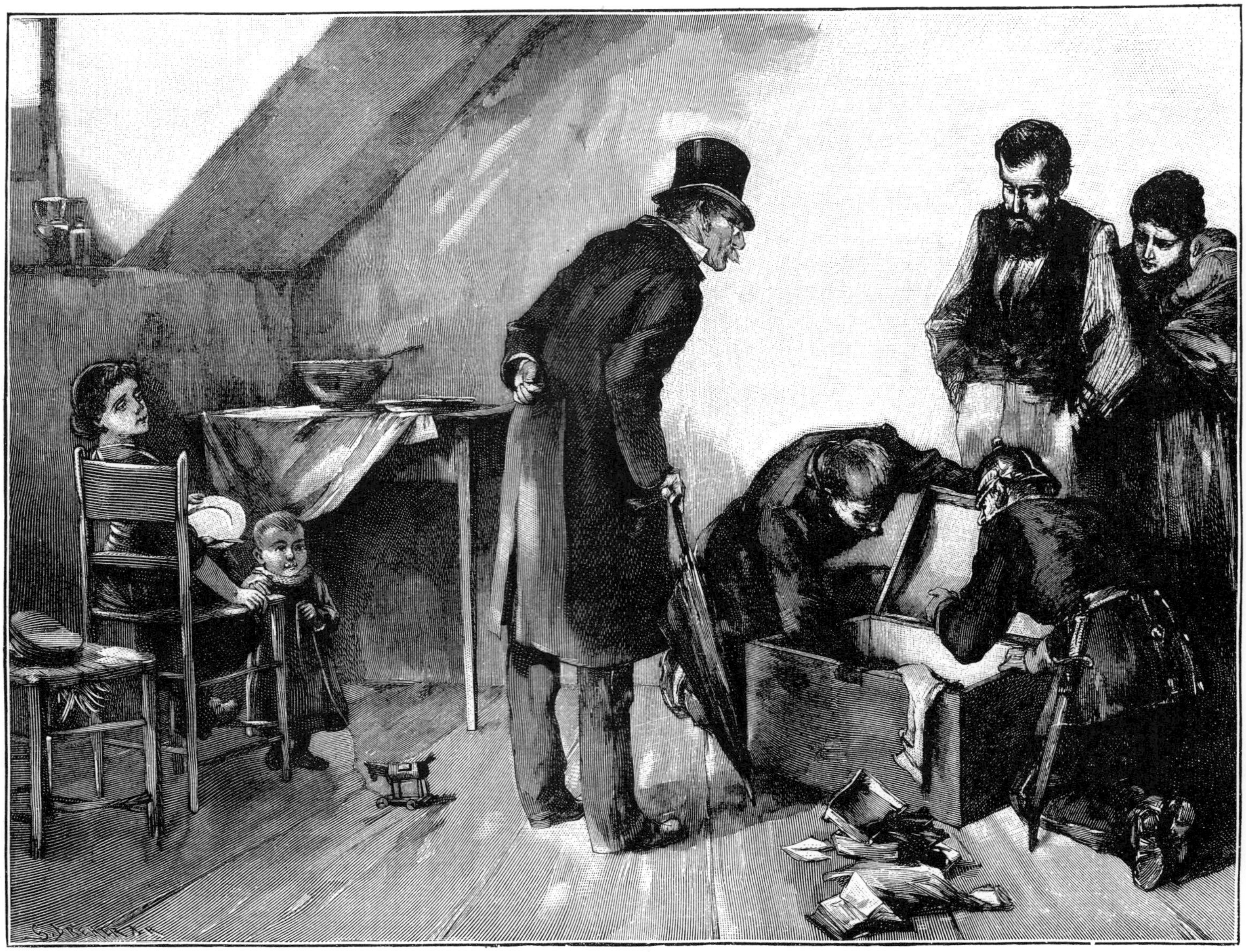

Haussuchung.

Ei ei! Da kommt sie gestiegen,
Die heilige Hermandad,
Den Geist der Zeit zu bekriegen —
„Es findet hier Haussuchung statt!“

„Was ist denn schon wieder verboten?“
Der Heimgesuchte spricht,
„Ein Liederbuch? Strafbare Noten?
Ein Flugblatt? Ein Reichstagsbericht?“

Mit strengem Kommandoworte
Erwidert der Kommissär;
Er thut, als ob er am Orte
Besonders wichtig wär'.

Die Kisten, die Kasten, die Betten
Verfallen der Inspektion,
Vielleicht ja sie Antheil hätten
An einer Revolution.

Es kriechen und knien auf den Dielen
Die beiden Gendarmen umher,
In Wäsche und Windeln sie wühlen —
Gendarm sein, ist oft gar schwer.

Die Kinder beschau'n mit Int'resse
Die große Staatsaktion,
Daß man keinen Winkel vergesse,
Ermahnten sie mehrfach schon.

So suchet seit anderthalb Stunden
Die brave Polizei,
Doch hat sie nichts gefunden,
Was Umsturz führt herbei.

Der Kommissär mit Grollen
Nun wendet sich zum Gehn,
Er hat ja nur retten wollen
Des Staates Fortbestehn.

Doch kein Verständniß er findet
Für solche Heldenthat,
Verstohlenes Lachen kündet,
Daß er blamirt sich hat.

Klein Lieschen mit lustigen Augen
Zum Abschied freundlich spricht:
„Adieu! Wenn Sie wieder was brauchen,
Vergessen Sie, bitte, uns nicht!“ M. K.

Der Löwenritt.

(Nach Freiligrath.)

Rastlos, bis die Kraft ihr schwindet, muß ihn die Giraffe tragen.
Gegen einen solchen Reiter hilft kein Bäumen und kein Schlagen.

Helfen können nur die Völker, die erkannt des Unthiers Wesen,
Bald geschehn wär's um den Räuber ohne vieles Federlesen.

Der Militärbulle.

Wie die „Stütze von Thron und Altar" den Militarismus aufpäppelt —

— und später von dem ausgewachsenen Ungeheuer gefressen wird.

Der Militarismus als Schützer unseres Heims.

Bewachen sollt' er treulich unser Haus
Und sehr behaglich diesen Posten fand er;
Er wuchs — gemästet — zum Koloß sich aus
Und treibt die ganze Bude auseinander.

FRIEDRICH ENGELS
geb. 28. Nov. 1820,
gest. 5. August 1895.

Bilder aus der Zeitgeschichte.

Die Prügel sausen nur so 'runter,
Das wird, sagt Kanitz, immer bunter.

Den Mann, dem weder Halm noch Ar,
Den stürzen wir noch übers Jahr.

Die Jägerlist hat's drauf erdacht,
Wie man Ihm wohl den Garaus macht.

Als nun gelang der feine Plan,
Sah man vergnügt Caprivi gahn.

Fürs Eigenthum mehr Schutz heran —
So fing der Umsturzrummel an.

Frei wollt Ihr sein, gleich wie die Andern?
Dafür sollt Ihr ins Zuchthaus wandern.

Der Liberalismus kommt in Nöthen,
Beschlagnahmt werden Schiller, Goethen.

Die Wissenschaft in Noth gerieth,
Das ist das Ende von dem Lied.

Drücke Dich, Itzig, ick habe keen Jeld;
Waih geschrien, waih, er hot mich geprellt!

Bimetallismus nennt Ihr's frei,
Doch ist es nur Falschmünzerei.

Herunter sind wir sehr gekommen,
Korn-Monopol nur kann uns frommen.

Nehmt Ihr den Antrag **Kanitz** an,
Wird wieder fett der **Bauersmann.**

Wir präsidir'n dem Reichstag nicht! —
„Det jeht ooch so", die Linke spricht.

„Für unsern Heros gebt", bumbum!
So ging der Bettelsack herum.

Ach, lieber Stiefel, voll Inbrunst wir beten,
Thu uns noch mal auf den H ...... treten.

Der höchste Wonnetaumel, schaut,
Es fährt jetzt Alles aus der Haut.

Von Rata Langa, Rom.

Einst und jetzt.

Vom neuesten Schwabenstreich.

Preußische Beispiele verderben schwäbische Sitten.

Der wahre Jacob 1895

Zum Hafenarbeiter-Streik.

Zu Hamburg am Hafen steht
Eine Riesengestalt,
Ein Weib in grobem,
Zerriss'nem Gewande.
Ihre Haare flattern wild,
Die rechte Hand umklammert
Eine langsträhnige Geißel.

Das Weib heißt die Noth.
Mit stechendem Blicke
Lugt sie nach den Schiffen,
Nach all dem rührigen
Treiben und Schaffen,
Und mit heiserer Stimme
Kichert sie in sich hinein:

„Wo wäre ohne mich
Die ganze Herrlichkeit?
Wenn ich nicht drängte und triebe,
Da stände hier sogleich
Alles still.
Aber ich werde alt,
Zu schwer ist meine Arbeit
Seit lange schon,

Bald muß ich wohl abdanken.
Nun kommt gerade der Winter,
Meine beste Zeit.
Da will ich gleich noch einmal
Meine Kraft erproben,
Aber nicht mehr in eurem Dienst,
Ihr läppischen Reichen,
Die ihr naserümpfend
An mir vorbeigeht.
Meint ihr, es müsse immer
Gerade für euch sein?
Nein, jetzt soll es einmal
Diesen Armen selber
Zu gute kommen.
Ich lehrte sie darben,
Und ihr sagtet:
‚Schränkt euch nur ein,
Ihr müßt euch behelfen lernen.'

„Jetzt können sie's,
Jetzt sagen sie selbst:
‚Wir wagen's auf den Hunger.'
Und sie trotzen der Macht des Geldes.

„So führt es nur durch,
Ihr Armen, ich helf' euch.
Trieb ich sonst täglich
Euch auf die Schiffe,
Nun herunter mit euch!
Ich selbst verjag' euch!
Trennt' ich euch früher,
Daß Jeder für sich
Dumpf hinbrütete, [peitschen,
So will ich euch nun zusammen-
Daß ihr nicht wieder
Voneinander laßt.
Und meine Geißel reicht
Uebers weite Meer.

„Ihr aber, ihr Reichen,
Werdet noch von mir hören.
Bevor ich mich
Zur Ruhe setze,
Komm' ich noch zu euch
Und klopfe mit meinen
Dürren Knöcheln
An eure Thür!"

⚓

Das Alpdrücken beim Unternehmerthum.

Ein böses Gewissen ist kein gutes Ruhekissen.

Bild aus dem Hamburger Hafen während der Streikzeit.
(Der allerneueste Arbeiterschutz im Lande der Sozialreform.)

Der Ausgang des Hamburger Streiks.

Sind das geschlagene Truppen,
Die hier zurückgehn
Durch Schnee und Eis
Im fahlen Morgenlicht?
Ist das eine Flucht
Vor dem siegreichen,
Höhnisch triumphirenden Feinde?

Sie ziehen vorbei
In unabsehbaren Schaaren,
Eine ganze Armee
Baumstarker Arbeiter.
Fest geschlossen, ohne Lücken
Marschiren die Glieder.
Unter dem wuchtigen Tritt
Der Tausende erdröhnt
Die hartgefrorene Erde.
Keine Verzagtheit
Zeigen die Mienen,
Nur Trauer und Unwillen
Und unendlichen Trotz.
Ihr Nacken blieb steif,
Stolz erhoben ihr Haupt,
Ihr Gang elastisch und wogend.

Nicht zogen sie aus,
Das blinde Glück
Der Schlacht zu versuchen,
Aber sie lernen
Aus Sieg und Besiegtsein.
Muthig blickt ihr Auge
In die dämmernde Ferne,
Wo neue und erntere
Kämpfe winken.

Sei stolz, Hammonia,
Nicht auf die prunkenden,
Prahlenden Sieger,
Sei stolz auf deine
Geschlagenen Söhne!

Wir grüßen euch,
Ihr markigen Kämpfer,
Ihr kühnen Segler!
Das Wasser ist eure Heimath.
Ihr habt euer Schiff
Hinausgesteuert
Vor der Hochfluth der Noth
Und im Sturm der Entrüstung.
Leck ist nun das Fahrzeug,
Es kehrt heim mit zersplitterten
Stengen und Raaen,
Segelfetzen
Und zerrissenes Tauwerk
Peitschen die Masten.

Aber ihr erbebt nicht,
Wie schwer ihr auch gelitten,
Entbehrt und gerungen.
Thatenfroh beginnt ihr,
Ein stärkeres Schiff
Rüstig zu bauen,
Und schon jauchzt euer Herz
Dem kommenden, größeren
Sturme entgegen. ⚓

Gezeichnet von C. Schmauk.

Verunglückt.

Ein stolzer Neubau wächst empor,
Dort schaffen rüstig hundert Hände.
Schon wölbt sich das gewalt'ge Thor,
Schon ragen hoch die rothen Wände.

Noch höher ragen drüber hin
Des Baugerüstes schlanke Masten —
Auf leichten Bretter-Gallerie'n
Ein unermüdlich Treiben, Hasten.

„So oft ich dies Gerüste schau
Mit seinen allzu schwachen Planken",
So sprach die junge Maurersfrau,
„Da hab' ich sorgende Gedanken.

„Ich sah's, die Masten wankten fast,
Die dünnen Bretter oft sich bogen,
Wenn großer Steine schwere Last
An Ketten ward hinaufgezogen."

Doch er, dem sie das Mittagsmahl
Geschäftig auf den Bauplatz brachte,
Er stillte ihrer Sorgen Qual,
Er ließ sich's schmecken und er lachte.

„Es sind ja Sachverständ'ge hier,
Die Alles zu berechnen wissen,
Sie werden besser wohl als wir
Der Balken Tragkraft kennen müssen."

Die Frau nur halb beruhigt war,
Indeß, sie mußte sich bescheiden,
Es kann aus Sorge vor Gefahr
Der Arbeitsmann sein Brot nicht meiden.

Sie schritt nach Haus — da gab's zu thun,
Die Wirthschaft recht in Stand zu halten,
Im Schaffen ohne Rast und Ruh'n
Verscheuchte sie der Sorge Walten.

Doch eh' die Feierstunde schlug,
Ihr banges Ahnen sich erfüllte:
Ins Haus man eine Bahre trug,
Die eine Decke leicht verhüllte.

„Verunglückt! Das Gerüst zerbrach —
Wir bringen einen Schwerverletzten!"
So traten sie in das Gemach,
Zu Frau und Kindern, den entsetzten.

„Der Vater ist es . . . bleich und starr!"
Ein Schreckenslaut, ein heißes Weinen. —
So kehrte heim der Proletar
Von schwerer Arbeit zu den Seinen.

* * *

Was durch der Arbeit Kraft wir sehn
Erstehen und sich stolz erheben —
Dem Reichen dient's zum Wohlergehn,
Dem Armen kostet's Blut und Leben.

Der Mann nach dem Buchstaben des Gesetzes.

Staatsanwalt: Für den Einbrecher beantrage ich Freisprechung. Der Polizist ist dagegen zu der gesetzlich schwersten Strafe zu verurtheilen, weil er den Angeklagten am Einbruch verhindert, also zur Einstellung der Arbeit veranlaßt hat.

An die Frauen!

Ging es nach Jenen, die der Freiheit Spur
Von je verfolgt mit Stangen und mit Spießen,
So müßte sich die weibliche Natur
Dem heißen Hauch, dem Drang der Zeit verschließen,
So dürfte auch das „sittige“ Geschlecht,
Dem gern des Hauses „stille Welt“ sie lassen,
Um keinen Preis sich mit dem Kampf ums Recht
Und mit dem Sturm, der ringsum weht, befassen.

Sie wissen wohl, es wächst der Männer Muth,
Die Noth des Zustands, den man schlau erklügelt,
Wenn der Begeistrung wunderbare Gluth
Aus Frauenaugen blitzt, die Frau beflügelt;
Wenn mit dem Mann, nicht gegen ihn sie sinnt
In dem gewalt'gen, schicksalsschweren Streite,
Und wenn dem Ernst der Zeit sie abgewinnt
Nach heitrer Frauenart die lust'ge Seite.

Und viel ist lustig, viel ist lächerlich
An dem Koloß, mit dem die Männer ringen;
Sie nehmen Alles leicht zu feierlich,
Zu ernst und schwer an den verhaßten Dingen.
Da springe scherzend die Genossin ein
Mit ihrem Scharfblick, den wir nie erreichen,
Und lust'ge Schalkheit soll ihr Helfer sein,
Dem Mann die Falten von der Stirn zu streichen!

R. L.

Merkwürdige Auffassung.

Landesfürst (zu seinem Adjutanten): Sonderbares Vergnügen das, höchst sonderbares Vergnügen — mit Steinen Ball zu spielen!

Ein edler Mensch.

Kommerzienrath: Um unsern Arbeidern änne Weihnachtsfreide zu machen, habe ich beschlossen, de Helfde des Bersonals zu entlassen.
Buchhalter (erschrocken): Wo bleibt denn da aber de Freide, Herr Gommerzienrath?
Kommerzienrath: Die gommd soford, mei liewer Seiferd, wenn mer'n nachher sagt, daß se bei zehn Brozend Lohngärzung bleiben gennen.
Buchhalter (gerührt): Se sein ä edler Mensch, Herr Gommerzienrath!

Aus der Zeit. Vertheidiger: Mag das Verbrechen des Raubmordes, welchen mein Klient ausgeführt hat, auch noch so verabscheuenswerth sein, ich plädire dennoch auf mildernde Umstände, — der Angeklagte ist nämlich kein — **Sozialdemokrat.**

Arbeitslos.

Die Nacht verblaßt. Der Wind reißt an den Scheiben.
Wacht auf da drinnen, Mann und Weib und Kind!
Wacht auf! Die Reichen können schlafen –
Wir suchen Arbeit, weil wir hungrig sind!
Vom Morgenroth bis in die Nacht
Wir hungern, wenn Ihr schmaust und lacht!
Verdammt nochmal! Wir wollen wissen,
Warum Ihr satt seid und wir hungern müssen?

Der Tag bricht an. Wie klappern da die Zähne!
In unserm Loch von Wohnung ist es kalt!
Mein Weib geht waschen, Frühstück trägt der Kleine,
Und ich – bin ich zur Arbeit denn zu alt?
Vom Morgenroth bis in die Nacht
Hab' ich um Arbeit angefragt!
Verdammt nochmal! Wir wollen wissen,
Warum Ihr satt seid und wir hungern müssen?

Brot oder Arbeit! . . . jeden Tag wird's schlimmer!
Das Kind ist krank, die Frau kann nicht mehr fort!
Ich gehe weg und sitz' in der Destille . . .
Arbeit? . . . die giebt's nicht! . . . schade um das Wort!
Vom Morgenroth bis in die Nacht
Hab' ich den Schädel mir zerdacht –
Verdammt nochmal! Wir wollen wissen,
Weßhalb Ihr satt seid und wir hungern müssen?

Fast Fünfzigtausend liegen auf der Straße,
Damit nur nicht die Dividende fällt!
Die Noth rennt wimmernd durch die kalte Gasse
Dabei erstickt in ihrem Fett die Welt!
Der Hunger hat zu allerletzt die Macht!
Wir sind verzweifelt! . . . her mit Eurer Pracht!
Verdammt nochmal! Wir wollen wissen,
Warum Ihr satt seid und wir hungern müssen?

Hans Hyan.

Der Arbeitsmarkt.

Alltäglich ist's dasselbe Bild, — ich eile
Beklommen fast daran vorüber . . .
In Massen wird ein Zeitungsblatt vertheilt,
Das eng bedruckt. Ein Haufen Männer, Weiber,
Halbwüchs'ger Kinder mit gereckten Hälsen,
Starrt auf die Blätter, als ob eine neue
Heilsbotschaft aus dem Buchstabengewirre
Zu ihnen spräche. Und dann stiehlt sich dieser
Und der hinweg — flog nicht ein Hoffnungsschimmer
Ihm übers sorgenbleiche Antlitz? — Wird
Er glücklich finden, was er sucht? Wird er
Nicht morgen an der gleichen Ecke stehn? M. E.

Der Kampf gegen den polnischen Großgrundbesitz. * Der Kampf gegen das polnische Volk.

Lehrer: Herr Baron, dürfte ich Sie auch in diesem Jahre wieder um eine abgelegte Hose bitten?

Die rothe Woche in München.

Euch zu Ehren, Ihr groß'n Sünder
Trag i heut' an Revoluzionszylinder.
Sonst is a Kron', aba bedenk' i's mit Ruah
So g'hör' i halt a zum Umsturz dazua.

Wer Weißwürscht frißt und Bier fest sauft,
Im Somma sich an Radi kauft,
Dös is mein Freind, dös is mein Mann,
All's andre geht mi gar nix an.

Und wenn i möcht a Mal oan beiß'n,
Da draht se's höchstens um an Preiß'n.
An Preiß'n aba — dös woaß man scho —
Ma zu die Mensch'n net zähl'n ko.

Münchner Hofbräuhaus-G'stanzeln.

Von Ernst Kreowski.

Mir Isar-Athener,
Ja mir san halt Leit':
Mir hab'n dö dickste Weißwürscht',
Hamur und a Schneid.

Ös Preißen sauft's Fusel,
Ös Schwoben sauft's Most,
Frißt's Kartoffeln und Späzle,
So eh' nix'n kost't.

Ös Sachsen schlürft's Strumpfbrüh,
Kaffee sonst'n g'nannt —
Dafür derft's freili' leb'n aa
Im freiesten Land.

Auf'm Wasser schwimmt d'Zukunft
Von Deutschland-Berlin —
Pfui Deixl, so an Plempl,
Do kannst glei' wer'n hin.

Aber mir — na wos schaugt's denn
So damisch und stier?
Frißt's eh' unsre Kalbshax'n
Und sauft's unser Bier!

Wirkst's Ramml? I freili,
Ja mir san guat g'stellt: —
So an Stoff kriagst nimmer
Umanand in der Welt!

Beim Hofbräu am Plakl
Is's sakrisch fidel:
Minister und Strizzi
Ein Herz und ein' Seel'!

Wie Kasrind'n und Wurschthänt'
Hock'n mir durchanand
Und freß'n und versauf'n aa
So Geld wie Verstand.

I bitt' schön! denn g'scheit san
Mir aa noch d'rzua — —
Hörst Kathi? Noch a Maaß — und
Jatz laßt's mi' in Ruah!

Der kluge Herr Professor.

Ja ja, Herr Professor Adolf Wagner,
Das ist ein Geriebener und Verschlagner!
Das Uebel, so groß und doch versteckt,
Das hat er in tiefster Wurzel entdeckt.

Was Keiner vermochte zu erkunden,
Der Herr Professor hat es gefunden,
In seiner Weisheit hat er's erschaut
Und allem Volke verkündet laut.

Vergeblich bisher war alles Gegrübel
Nach jenem großen verborgenen Uebel,
Nun aber weiß es die ganze Welt:
Wir Deutsche leiden an allzuviel Geld!

Wir schwimmen in Wohlstand! Die Taschen erklingen
Von güldenen Kronen und Silberlingen!
Besonders aber die unteren Klassen,
Die wissen vor Mammon sich kaum noch zu lassen!

Von Arbeitsmangel und Fleischnoth und Theurung,
Von schlechtem Verdienste und hoher Besteurung
Zu sprechen, ist Thorheit und Phantasie:
Wir Deutsche haben Moneten, und wie!

Kommt Abends der Arbeitsmann nach Hause,
So sitzt er nachdenklich in seiner Klause
Und sinnt, bis fast der Kopf ihm zerspringt,
Wie er all seine Goldfüchse unterbringt.

Denn wie er verschlemme, vergeude, verprasse,
Stets bleibt doch gefüllt die strotzende Kasse;
Und welchen Luxus er auch sich vergönnt —
Mit seinem Geld kommt er niemals zu End'.

Das kommt davon, weil die größten Genüsse
Und Herrlichkeiten sind billig wie Nüsse
Und für ein paar Pfennige Jedermann,
Wie ein Kommerzienrath leben kann.

Hochnöthig ist es drum, wie ich glaube,
Daß der Staat anziehe die Steuerschraube,
Damit das deutsche Volk nicht muß
Zuletzt ersaufen im Ueberfluß.

Dann können neue Schiffe wir bauen
Und künftig noch fester um uns hauen
Zu Deutschlands Ruhm und Deutschlands Ehr'!
O Steuerzahler, was willst du noch mehr?

Quidam.

Die zukünftige Uniform der deutschen Professoren.

Ein Gemütsmensch.

Freiherr v. Quitzow: Es ist furchtbar, was die Leute dieses Jahr unter der Sonnenglut zu leiden haben. Ich kann es nicht mehr mit ansehen — morgen fahre ich ins Seebad.

Streichhölzer gefällig?

„Nun haben wir doch in der letzten Zeit sechs Wohltätigkeitsbälle gehabt — da weiß ich in der Tat nicht, wo noch alle die armen Kinder herkommen!"

Der neue Kurs.

Deutschland, Deutschland über alles,
Über alles in der Welt,
Wo, wie's oben steht im Bilde,
Alles fest zusammenhält.

Richter, Pfaffen, Polizisten,
Und der Junker, hochgestellt
Deutschland, Deutschland, merk' es endlich,
Dich verhöhnt die ganze Welt!

Der wahre Jacob 1904

Kopfschmerzen des Kapitalismus.

Auf einen groben Klotz gehört ein grober Keil.

Der Aussperrungstiger.

Die Harmonie zwischen Kapital und Arbeit

Der wahre Jacob

Abonnementspreis:
Pro Jahr . . . . M. 2.60
Pro Quartal . . . . . . „ —.65
Preis pro Nummer . . . „ —.10

Erscheint alle vierzehn Tage.
Abonnementsbestellungen nehmen alle Postämter entgegen (eingetragen im Postzeitungs-Katalog unter Nr. 7147). Ferner zu beziehen durch alle Buchhandlungen und Kolporteure; in Berlin auch durch jeden Zeitungsspediteur und Zeitungsverkäufer.

Verantwortlich für die Redaktion: Georg Baßler in Stuttgart.
Verlag und Druck von J. H. W. Dietz in Stuttgart.

Beitrag zu den uferlosen Flottenplänen.

Frei nach den Bismärckischen „Hamburger Nachrichten".

Wie sich Gotthelf Weiter das Panzerschiff „Otto der Dicke" auf der Suche nach dem innern Feind vorstellt.

Der wahre Jacob

Abonnementspreis:
Pro Jahr . . . . . . M. 2.60
Pro Quartal . . . . . „ —.65
Preis pro Nummer . . . „ — 10

Erscheint alle vierzehn Tage.
Abonnementsbestellungen nehmen alle Postämter entgegen (eingetragen im Postzeitungs-Katalog unter Nr. 7147). Ferner zu beziehen durch alle Buchhandlungen und Kolporteure; in Berlin auch durch jeden Zeitungsspediteur und Zeitungsverkäufer.

Verantwortlich für die Redaktion: Georg Baßler in Stuttgart.
Verlag und Druck von J. H. W. Dietz in Stuttgart.

Das Volk in Waffen.

II. Die Pickelhaube im öffentlichen Leben.

Der Deutsche liebt die Uniform,
Den Säbel und 's Gewehr,
Die Pickelhaube ist die Norm,
Und drückt sie noch so schwer.

Der Bankier Cohn, der Herr Pastor
Und Richter, Staatsanwalt,
Sie treten ach wie gerne vor
In flotter Marsgestalt.

Selbst die Madam und die Marie
Sind grad so drauf erpicht,
Wo Alles liebt die Infanterie,
Da woll'n sie hassen nicht.

Die Narrheit ist gestiegen schon
Schier pyramidenhoch —

In Michels Beutel riß sie längst
Ein riesengroßes Loch!

(Nach bekannter Melodie.)

Der deutsche Staatsbürger und sein Schutzgeist.

Ein neues Denkmal für den Schloßplatz in Berlin.

Erster Schusterjunge: Weeßte, Jeschmack haben wir Berliner mit die Denkmäler aber nich! Kiek doch bloß mal die Beenekens von die Engel an und denn die dämlichen Jesichter!

Zweiter Schusterjunge: Oller Dussel! Jeschmack is bei so'ne ernste Darstellung ooch nich neetig! Det soll man bloß 'ne Erinnerung an den jlorreichen zwanzigsten Januar sind!

Aus der Wahlkampagne.

Protz (als Reichstagskandidat): ... Und sehen Sie, meine Herren, Alles was ich bin, bin ich ganz und gar durch mich selber ...
Stimme aus der Versammlung: Na, da ist Ihr Vater aber eine große Verantwortung los!

Der Militarismus auf der Anklagebank.

Bei solchen Vertheidigern wird der Angeklagte glänzend freigesprochen werden.

Preußische Preßfreiheit.

„Über allen unsern Gerichten schwebt unfehlbar Seine Majestät der souveräne Schutzmann."

Abg. Frank im deutschen Reichstag.

Ein Zeitbild aus Preußen.

Das Dreiklassenwahlrecht (zur Wahlreform): Mach' nur, daß du weiter kommst, du riechst ja nach Schweiß und Arbeit! Die feinen Leute in diesem Hause sind mit mir ganz zufrieden und verlangen nach keiner Abwechslung.

Etwas zum Gruseln!

„Auch diesmal hoffen wir unter diesem Zeichen zu siegen!"

Fahnenweihe.

„Fest steht und treu die Wacht am Rhein!“

Die Justiz der Zukunft.

Der Militarismus ist mit der Göttin Themis sehr unzufrieden. Er hat sich daher entschlossen, sie zu vertreiben und ihr Amt selbst auszuüben. Doch übernahm er von ihrem Rüstzeug nur das Schwert, die Handhabung der Wage war ihm zu langweilig.

Preußische Justiz.

Des deutschen Volkes Weihnachtsbaum. „Wart' nur, Michel! Nächstesmal wird er noch größer und schöner!"

Geistliche Schulaufsicht.

Sie sorgt und wacht, indem sie schützend
Um euch die schwarzen Flügel schlingt,
Daß von der Wahrheit Himmelslichte
Kein Strahl in eure Seelen dringt.

Frohlocket, deutsche Kinderseelen!
Verderbt und sündhaft ist die Zeit,
Doch ihr, Hosianna, seid geborgen:
Euch hegt und schützt die Geistlichkeit!

Nur euer Bestes will die Kirche,
Sie sinnt darauf und müht sich brav,
Daß aus dem Lämmlein, das sie hütet,
In Zukunft wird ein frommes Schaf.

Die Kirche nimmt euch in die Arme,
Sie wacht und sorget früh und spät,
Daß aus der Freiheit lichten Welten
Kein Hauch durch eure Herzen weht.

Das liebt und ehret seine Hirten,
Die Kirche und die Obrigkeit,
Das stets zufrieden ist und freudig
Sich scheren läßt zu jeder Zeit.

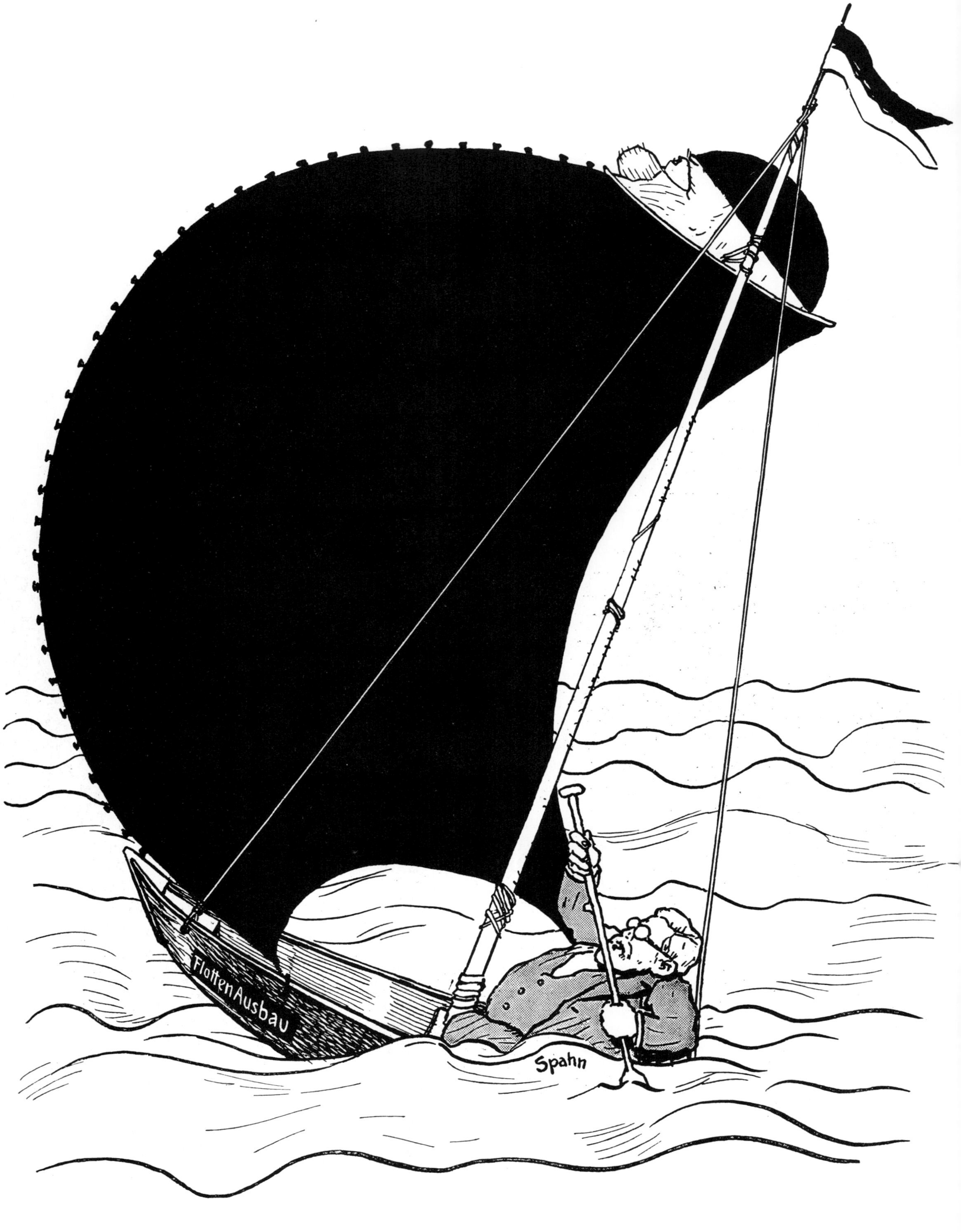

Mit Volldampf voraus!

Das Zentrum hat bei der bevorstehenden Flottenvermehrung die Führung übernommen. Zur Belohnung dafür ist Herr Peter Spahn zum Kommandeur des Flaggschiffs ernannt worden.

Nach der Wahl.

Der schwarze August: Dank der Dummheit der Andern sind wir immer wieder obenauf!

Die Schädelstätte auf der Newa.

Nikolaus: Wenn meine Herren Kollegen alle nach meinem Muster regieren wollten, würden wir bald mit der verfluchten Opposition fertig sein!

Der Zar in Verlegenheit.

„Die Repräsentationspflichten sind sehr unangenehm — ich kann mich der Liebe meiner Untertanen manchmal gar nicht erwehren!"

Nach der Monarchenbegegnung.

Die Andenkensammler.

Die Überpatrioten.

Wenn der Wohnsitz des Reichsadlers nicht so unbeständig wäre, würde es für seine Verehrer nicht so beschwerlich sein, ihre Gefühle für ihn zum vollen Ausdruck zu bringen.

DER WAHRE JACOB

Abonnementspreis pro Jahr Mk. 2.60 | Erscheint alle vierzehn Tage. | Verantwortlich für die Redaktion: B. Heymann in Stuttgart.
Anzeigen pro 4 gespaltene Nonpareille-Zeile Mk. 1.50 | Preis bei Postbezug vierteljährlich 65 Pfg. (ohne Bestellgeld). | Verlag und Druck von Paul Singer in Stuttgart.

Zeichnung von M. Vanselow.

Rotkoller.

Am 1. Mai.

„Kindermann, was wollen eigentlich, äh, diese Arbeiter?"
„Verzeihen, Durchlaucht, sie wollen den Achtstundentag."
„Ganz unglaublich, Kindermann, wie dumm dieses Volk ist. Sagen Sie ihm doch, äh, daß Achtstundentag unmöglich! Einfach unmöglich! Tag wird immer, äh, vierundzwanzig Stunden haben!"

Zum Abschluß der Friedenskonferenz.

Das auf der Haager Konferenz zustande gekommene neue Friedens-Modell.

Die reife Frucht.

Die Cubaner streiten sich um den Apfel, aber Uncle Sam wird ihn fressen.

Ans Vaterland, ans teure, schließ' dich an!
(Ein guter Rat, gegeben von Herrn v. Heyl.)

Die Hand der Regierung

Zeichnung von Rata Langa

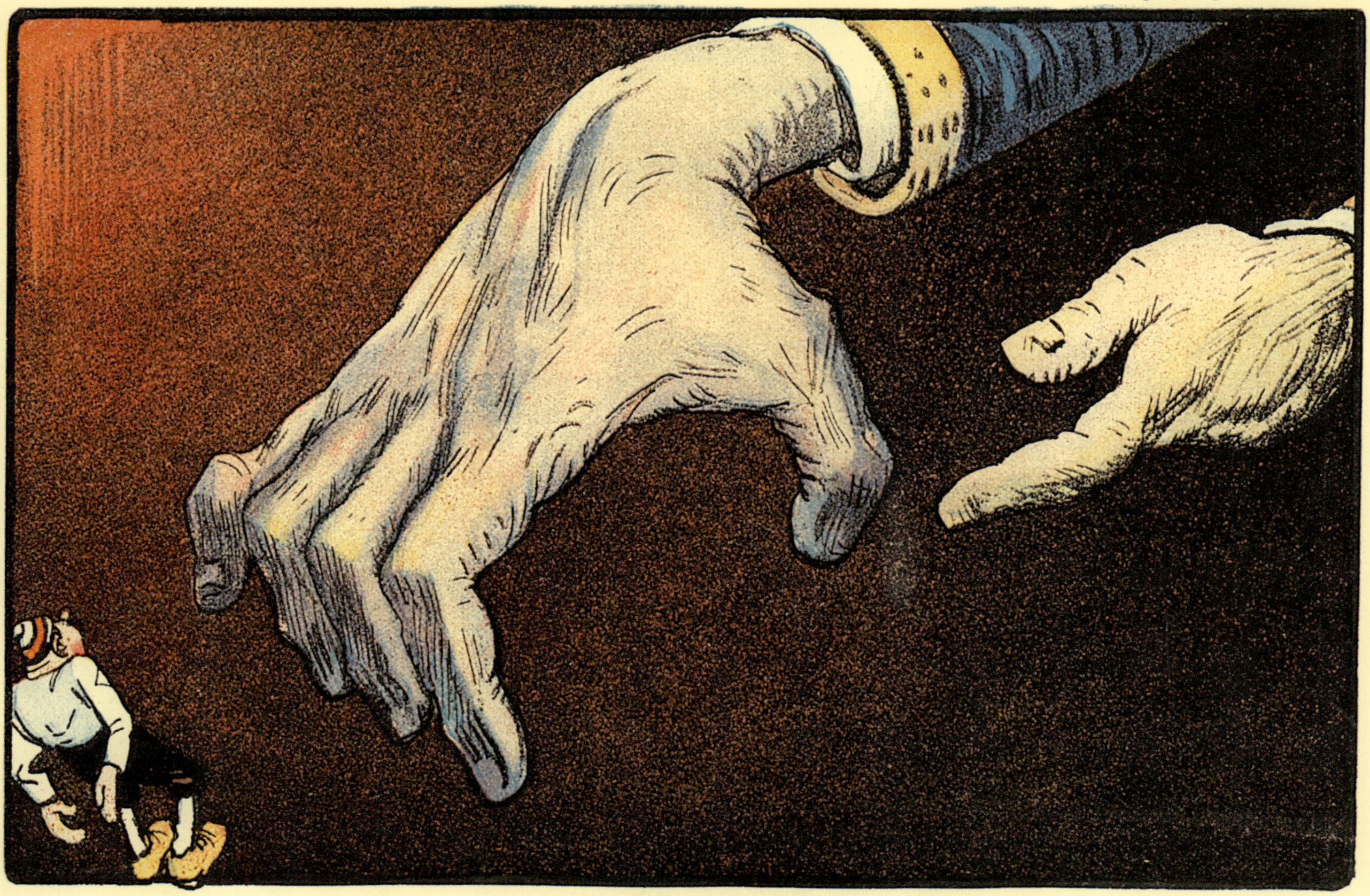

wenn sie nimmt —

wenn sie gibt.

Merkwürdig.

„Sagen Sie mal, Kamerad, unser Herr Oberst meinte jüngst, fast alle Arbeiter wären rot, und da sehe doch eine Unmasse von blonden und brünetten unter ihnen ...?"

Die Wahrung der Formen beim sozialdemokratischen Redakteur –

– bei der meineidigen Durchlaucht.

Gesellschaftliche Formen.

Zeitungsmeldung: Der Berliner Kriminalkommissar, der den des Meineids dringend verdächtigen Fürsten Eulenburg zu vernehmen hatte, erhielt von seiner vorgesetzten Behörde die Anweisung, bei seiner Mission „alle durch den Fall gebotenen gesellschaftlichen Formen“ zu wahren.

Kulturbild aus Rußland.

„Freiheit, die ich meine", sagte der Zar, da ließ er zwei vollbesetzte Extrazüge nach Sibirien abgehen.

Der Krieg.

Nach „Les Conquérants" von Fritel.

Zeichnung von W. Lehmann.

„Meine hochverehrten Herren, nach Schluß Ihrer letzten großen Sektkneipe hatten Sie leider das Unglück, durch Legen von größeren Holzstücken, Steinen und Umstellung einer Weiche den Nachtschnellzug zum Entgleisen zu bringen, aus welchem Anlaß wir 10 Tote und 24 Verletzungen zu beklagen hatten. Ich möchte mir die untertänigste Bitte erlauben, bei vorkommenden großen Feierlichkeiten ähnliches gütigst unterlassen zu wollen, sonst müßte ich leider in die unangenehme Lage kommen, ein hohes Korps der Studierenden mit Ihrer gütigen Erlaubnis nochmals suspendieren zu müssen, natürlich nur auf einige Zeit."

„Der Angeklagte ist des Streikpostenstehens und der Belästigung von Arbeitswilligen überführt und wird hiermit zu 5 Jahren Zuchthaus und 6 Jahren Ehrverlust verurteilt."

Justiz.

Der boshafte Spiegel.
Aus einem modernen Märchen.

Spieglein, Spieglein an der Wand,
Wer ist der Herrscher im deutschen Land?

Resignation.

„Es scheint, daß weder meine Reden, noch Ihre Gummischläuche
dem inneren Feind geschadet haben."

Ursache zum Mißvergnügen.

Herr v. Drückeberger (für sich): Die Sozialdemokraten glauben vielleicht, daß ich mich über ihre Maifeier ärgere.... Die armen Teufel haben ja keine Ahnung davon, wie jemand zumute ist, den man wegen Steuerhinterziehung mit 100000 Mark Strafe belegt hat.

Justitia.

Rud. Wolf

„Uff'n Strich jehe ick allerdings — aber nich mit Arbeitern."

Das entschleierte Bild zu Moabit.

Jagow: Hilf Himmel, man riß mir die letzte Hülle fort!
Staatsanwalt: Entsetzlich! ... Rasch ... das einzige, was ich noch für Sie tun kann.

DER WAHRE JACOB

Abonnementspreis pro Jahr Mk. 2.60 | Erscheint alle vierzehn Tage. | Verantwortlich für die Redaktion: B. Heymann in Stuttgart.
Anzeigen pro 4gespaltene Nonpareille-Zeile Mk. 2.– | Preis bei Postbezug vierteljährlich 65 Pfg. (ohne Bestellgeld). | Verlag von J. H. W. Dietz Nachf. G. m. b. H. in Stuttgart.

Die Stuttgarter Oberbürgermeisterwahl.

„Der Sozialdemokrat kommt! Rette sich wer kann!"

M. Vanselow

Die Reichsversicherungsordnung.

Trimborn (zu den Witwen und Waisen): Nun kommet ihr Leutchen und trinket euch recht satt,
Was der schwarzblaue Block euch bescheret hat.

Bayrische Lehrergehaltsaufbesserung.

„So ist's recht, Herr Minister, immer zeigen, aber nie geben! Dann werden wir den Kerl schon kirre kriegen!"

Das Existenz-Minimum.

Mir geht ein Lied im Kopf herum
Von „Existenz“ und „Minimum“;
Kein Kerl, und wär' er hundeschlecht,
Bestreitet dieses Menschenrecht.
Es nimmt der biedre Freisinnsmann
Sich seiner voller Wärme an,
Verficht und schützt mit Eloquenz
Das „Minimum an Existenz“.

Der Landwirth, der so bitter Noth
Muß leiden, sinkt im Preis das Brot,
Verargt's ihm wer, daß er wie toll
Sich heiser schreit nach höhrem Zoll?
Trägt ihm sein Gut nur zehn Prozent,
Er gleich in Königstreu' entbrennt,
Er will ja nur, — wer nimmt's ihm krumm?
An Existenz — dies Minimum!

Die edle Zierde der Nation,
Vom Grafen aufwärts und Baron,
Sie schwärmt für Weiber, Pferd und jeu,
Ballet und chambre separée.
Schafft ihnen nur die Mittel her,
Dann wollen sie — bei Gott — nicht mehr,
Das ist für sie — und wer mißgönnt's —?
Das Minimum an Existenz!

Der Rentner fordert in der That
Nicht mehr, als seine Reis' ins Bad,
Im Winter ein Opern-Abonnement,
Und Mitgift für den Tochtermann,
Pro Woche einen kleinen Jour —:
Dann steht sein Himmel in Azur,
Das ist das ganze Auf und Um:
Des existenzlichen Minimum!

So hilft man auch dem Arbeitsknecht
In seinem heiligen Menschenrecht,
Gewährt ihm gern sein bischen Stroh,
Auf daß er seines Schlafes froh,
Und fehlt's auch daran, — fordert man
So warm als man nur eben kann,
Dies Minimum an Existenz,
Potz Hölle, Tod und Pestilenz! M. E.

Ein Philosoph.

„Merkwürdig, je weniger Geld einer hat, desto größer ist sein Appetit!“

Das Strafverfahren gegen Borchardt und Leinert.

„Hier hast du die Wage, Themis, und nun paß' auf, daß du mir rechts und links nicht verwechselst!"
„Zu Befehl, Herr Staatsanwalt!"

Der Kampf um die Jugend.

H. G. Jentzsch

Deine Seele gehöre Gott allein,

Dem König mußt Treue du schwören,

Dein Leib sei, so lange du atmest, mein, —

Mein Herz soll dir nur gehören!

DER WAHRE JACOB

Abonnementspreis pro Jahr Mk. 2.60 | Erscheint alle vierzehn Tage. | Verantwortlich für die Redaktion: B. Heymann in Stuttgart.
Anzeigen pro 4gespaltene Nonpareille-Zeile Mk. 2.50 | Preis bei Postbezug vierteljährlich 65 Pfg. (ohne Bestellgeld). | Verlag von J. H. W. Dietz Nachf. G. m. b. H. in Stuttgart.

Der blaue Vogel.

Zwei Kinder gingen in den Wald, um den blauen Vogel zu suchen, der dem Finder Glück und Gesundheit bringen sollte, denn zu Hause war bittere Not: der Vater arbeitslos und die Mutter schwach und kränklich. Aber der blaue Vogel war nirgends zu sehen. Um wenigstens etwas nach Hause zu bringen, sammelten sie Tannenzapfen, denn die gaben ein lustiges Feuer und eine warme Stube. Da nahte ihnen der Weihnachtsengel in der Gestalt eines Gendarmen. Er nahm die Kinder mit und sperrte sie wegen unerlaubten Sammelns von Tannenzapfen in den Kotter. Die Kinder hatten den blauen Vogel gefunden.

Die Schutzengel der nationalen und der freien Jugendbewegung.

Der General.

Der Staatsanwalt.

Die Philosophie an den bayerischen Universitäten.

Euch wird's an unsrer Weisheit Brüsten
Mit jedem Tage mehr gelüsten.

Nach Goethes „Faust".

Das Schwert des Damokles.

Wie die Kanonen- und Panzerplattenfabrikanten die Sicherheit Europas beschützen.

Ein Freund der Wahrheit.

„Ich habe mich über Ihr eifriges Eintreten für den Wehrbeitrag gewundert, — er trifft Sie doch recht hart."
„Nur scheinbar, mein Lieber, schließlich zahlen ihn doch meine Arbeiter."

DER WAHRE JACOB

Abonnementspreis pro Jahr Mk. 2.60 | Erscheint alle vierzehn Tage. | Verantwortlich für die Redaktion: B. Heymann in Stuttgart.
Anzeigen pro 4gespaltene Nonpareille-Zeile Mk. 2.50 | Preis bei Postbezug vierteljährlich 65 Pfg. (ohne Bestellgeld). | Verlag von J. H. W. Dietz Nachf. G. m. b. H. in Stuttgart.

Es ist erreicht.

Der Sargdeckel von Fortschritt und Kultur.

Der Amokläufer im Frieden und Krieg.

Im Frieden ist's ein schaudererregendes Verbrechen.

Im Krieg wird der größte Mordbrenner als Held gefeiert.

DER WAHRE JACOB

ooo Abonnementspreis pro Jahr Mk. 2.60 ooo | ooooooo Erscheint alle vierzehn Tage. ooooooo | Verantwortlich für die Redaktion: B. Heymann in Stuttgart.
Anzeigen pro 4 gespaltene Nonpareille-Zeile Mk. 2.50 | Preis bei Postbezug vierteljährlich 65 Pfg. (ohne Bestellgeld). | Verlag von J. H. W. Dietz Nachf. G. m. b. H. in Stuttgart.

Der hypnotisierte Liberalismus. „Mein Name ist Hase, Herr Vielfraß, ich werde Sie nie im Stich lassen!"

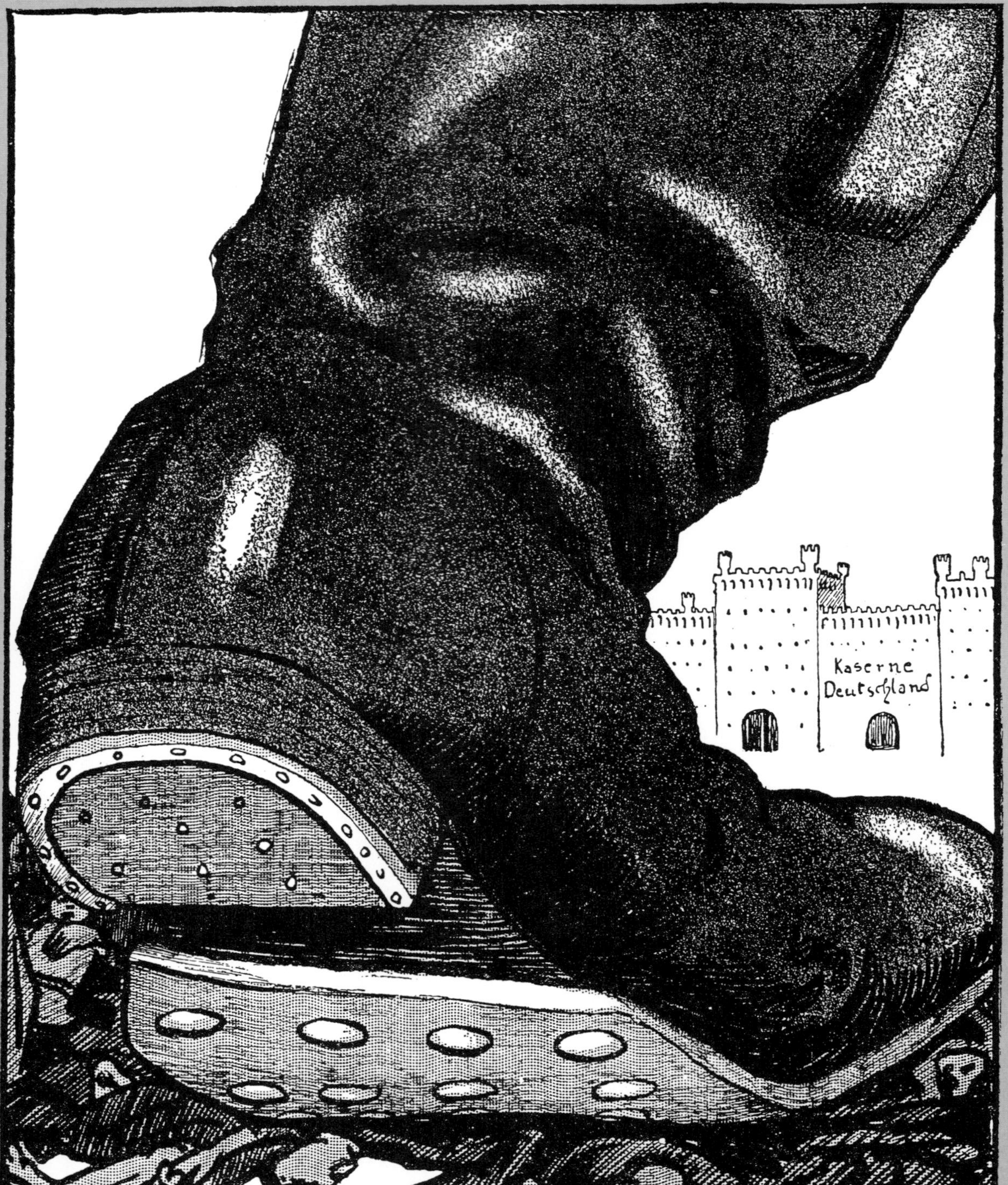

Der Kommisstiefel.

„Opfer fallen hier, — weder Lamm noch Stier, —
aber Menschenopfer unerhört — — —"

DER WAHRE JACOB

Abonnementspreis pro Jahr Mk. 2.60 | Erscheint alle vierzehn Tage. | Verantwortlich für die Redaktion: B. Heymann in Stuttgart.
Anzeigen pro 4 gespaltene Nonpareille-Zeile Mk. 2.50 | Preis bei Postbezug vierteljährlich 65 Pfg. (ohne Bestellgeld). | Druck und Verlag von J. H. W. Dietz Nachf. G.m.b.H. Stuttgart.

„Nun, Kinder, drauf los! Jetzt hilft nur noch das Dreschen!"

„Wenn's nach uns ginge, müßte das Auto in den Abgrund!"

Die Zeit der sauren Gurken

1914 - 1918

Die Zeit der sauren Gurken.

Berliner Polonaise nach Kunstgenuß.

Berliner Polonaise nach Lebensmitteln.

Der Markt vor den Höchstpreisen.

Der Markt nach den Höchstpreisen.

Von der Somme.

„Wer hat dich, du schöner Wald,
Aufgebaut so hoch da droben — — —"

Knecht Ruprecht und sein Weihnachtsengel.

Schorsche, Niklas, Poincaré
Woll'n, daß wir verhungern,
Aber nee, det jibt's ja nich —
Können selber lungern!

Wenn't ooch diesmal knapp man is
Mit det Mittagessen,
Pellkartoffel, Brot und Schmalz
Läßt die Not vergessen.

Kinderchens, verzagt nur nicht,
Sicher wer'n wir siegen,
Schorsche, Niklas, Poincaré
Müssen unterliegen.

Und dann machen Frieden wir,
Der behagt wohl allen,
Richten's auf der Erde ein
Uns zum Wohlgefallen!

Weihnacht 1914.

Und wieder rüsten sich die Völker,
Bei Kerzenglanz und Glockenton
Den Tag zu feiern, da zur Erde
Herniederstieg der Gottessohn,
Der das Gebot der Nächstenliebe
Als Urquell seiner Lehre pries
Und den verirrten Menschenherzen
Den Weg zum ew'gen Frieden wies.

Von tausend Kanzeln und Altären
Verkündet man in dieser Nacht
Die frohe Botschaft, die den Seelen
Versöhnung, Heil und Glück gebracht – –
Doch in der Predigt fromme Worte
Mischt sich ein ferner Donner ein
Und in das Licht der Weihnachtskerzen
Flammt brennender Gehöfte Schein!

Was Menschen mühvoll sich erwarben
Und schufen mit der Hände Fleiß,
Das müssen opfern sie und darben,
Und niemand noch ein Ende weiß.
„Wo leuchtet uns ein Stern der Hoffnung,"
Fragt zweifelnd sich der gläub'ge Christ,
„Wenn nach zweitausendjähr'gem Wirken
Dies Weihnachtsfest die Ernte ist?" –

Doch während er die Frage sendet
Zum Himmel mit umflortem Blick,
Tönt von der Erde, nah und ferne,
Ein kräftig Trostwort ihm zurück:
Hier leuchten deiner Hoffnung Sterne,
Hier lebt und wirkt des Geistes Kraft,
Der deinem wunden Herzen Heilung,
Erfüllung deinem Sehnen schafft!

Was Priesterweisheit nicht gelungen,
Der Staatskunst unerreichbar war,
Das kann und will und wird vollbringen
Des Volkes festgefügte Schar!
Dann trifft, was dir die Schrift verheißen,
Des Engels Freudenbotschaft ein:
„Der Menschen Tun regiert die Liebe,
Und Friede wird auf Erden sein!"

Auch eine Bescherung!

Vorbereitung für den Winter.

„Na, alles für den kommenden Winter gerichtet?"
„Jawohl, die Kohlenpreise sind nach Möglichkeit in die Höhe getrieben worden."

Der Kartoffelwucherer in der Hölle.

Guten Appetit!

Ein fleischloser Tag in Berlin.

„Nur wer die Sehnsucht kennt, weiß, was ich leide.“

Frauenarbeit – Frauenfortschritt.

„Noch eenen Schritt weiter, Aujuste, un wir sind drin im Reichstag!"

DER WAHRE JACOB

Abonnementspreis pro Jahr Mk. 2.60 | Erscheint alle vierzehn Tage. | Verantwortlich für die Redaktion: B. Heymann in Stuttgart.
Anzeigen pro 4 gespaltene Nonpareille-Zeile Mk. 2.50 | Preis bei Postbezug vierteljährlich 65 Pfg. (ohne Bestellgeld). | Druck und Verlag von J. H. W. Dietz Nachf. G.m.b.H. Stuttgart.

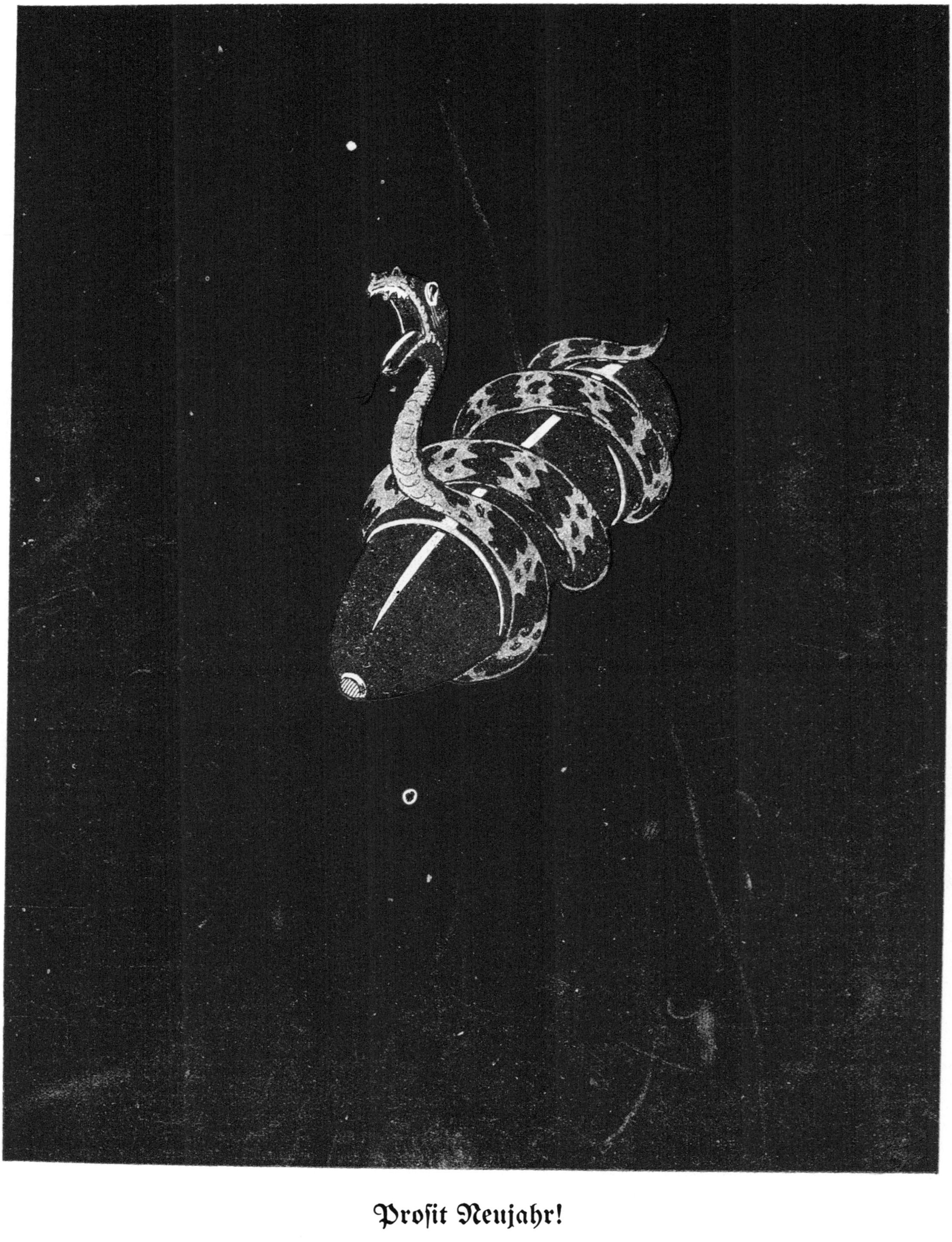

Profit Neujahr!

DER WAHRE JACOB

Abonnementspreis pro Jahr Mk. 2.60 | Erscheint alle vierzehn Tage. | Verantwortlich für die Redaktion: B. Heymann in Stuttgart.
Anzeigen pro 4 gespaltene Nonpareille-Zeile Mk. 2.50 | Preis bei Postbezug vierteljährlich 65 Pfg. (ohne Bestellgeld). | Druck und Verlag von J. H. W. Dietz Nachf. G.m.b.H. Stuttgart.

Die Erde im Jahre 1916 vom Mond aus gesehen.

Zweifelhafter Schutz.

Der Schutzschirm kriegt ein großes Loch,
Wen's treffen will, den trifft es doch.

Silvesterfeier des Vierverbandes.

„Meine Herren, Serbien ist ja hin, aber wir wollen es wenigstens noch mal hochleben lassen!"

Die Befreiung der politischen Gefangenen aus der Peter-Pauls-Festung in St. Petersburg.

Wenn der Gedrückte nirgends Recht kann finden,
Wenn unerträglich wird die Last — greift er
Hinauf getrosten Mutes in den Himmel
Und holt herunter seine ew'gen Rechte,
Die droben hängen unveräußerlich
Und unzerbrechlich wie die Sterne selbst.

(Schiller, Tell.)

„Mit dem Verschicken nach Sibirien solltest du sparsamer werden, Bruder Nikolaus, — die Front frißt zu viel Menschenfleisch!“

Aus Rußland.

„Kräftig rühren, Petruschka, sonst brennt uns die Suppe an!“

Die Betverordnung in den Vereinigten Staaten.

Der Präsident der Vereinigten Staaten führt die Verordnung aus, nach der die Amerikaner jeden Mittag eine Minute lang den lieben Gott um den Sieg der amerikanischen Waffen anflehen sollen.

Der Tanz ums Goldene Kalb

1918 - 1923

Der wahre Jacob 1918

Das große Reinemachen.

Das Schreien hilft euch nicht, ihr müßt fort, um dem Neuen Platz zu machen!

Das deutsche Reichsauto

Der Reichschauffeur: Aber wenn Sie fortwährend raufen, meine Herrschaften, kann ich für nichts einstehen!

Berliner Leben

„Mutter, der Mann mit den Koks ist da!"
„Sei doch man stille. Ick seh ihn ja,
Den schwarzen Mann," die Mutter spricht.
„Bloß die Kohlen, die seh ick nicht. . . ."

Und es drängen zum Kohlenmann
Sich die armen Frauen heran.
Und des Winters Kälte und Leid
Schattet hinein in die Herbsteszeit. . . .

Das Ergebnis

Die wahren Sieger

Die Unterlegenen

Der unglückliche Staatsanwalt.

„Wenn jetzt eine Amnestie kommt, freut mich meine sonst so segensreiche Tätigkeit nimmer.“

DER WAHRE JACOB

○ ○ ○ ○ Abonnementspreis jährlich Mk. 13.— ○ ○ ○ ○ | ○ ○ ○ Erscheint alle vierzehn Tage in Stuttgart ○ ○ ○ | Verantwortlich für die Redaktion: Georg Durst in Stuttgart
Bei Postbezug vierteljährlich Mk.3.25 (ohne Bestellgeld) | Anzeigen für die 4gespaltene Nonpareille-Zeile Mk. 10.— | Druck und Verlag von J.H.W. Dietz Nachf. G.m.b.H. Stuttgart

Ausſaat und rote Ernte

Die Ausſaat der Reaktionäre am 13. März 1920

Die Antwort bei der Reichstagswahl 1920

DER WAHRE JACOB

Abonnementspreis jährlich Mk. 3.80 | Erscheint alle vierzehn Tage in Stuttgart | Verantwortlich für die Redaktion: Georg Durst in Stuttgart
Bei Postbezug vierteljährlich 95 Pfg. (ohne Bestellgeld) | Anzeigen für die 4gespaltene Nonpareille-Zeile Mk. 5.— | Druck und Verlag von J. H. W. Dietz Nachf. G.m.b.H. Stuttgart

Das Münchener Kindl während der Räteregierung.

O mei! Früher unter dem Maßkrug und dem Radi war's fei gemüatlicher!

Münchener Spuk

Münchener Kindl: „O mei! Einer ist schlimmer als der andere. Am besten ist's doch wohl, ich flüchte zu den Roten!“

Deutschlands Hyänen

Für einen neuen Staatsstreich bringen wir uns in empfehlende Erinnerung.
Gute Arbeit wird garantiert.

Folgen der schlechten Valuta

Amerikanische Milliardäre bereisen Deutschland, um Schlösser und Villen für wenige Dollar anzukaufen.

Am Wochenschluß im Lohnbureau

Wart ihr schon einmal in einem Lohnbureau?
Wenn Sonnabends Arbeiter, Schreiber, kleine Tippfräuleins und so
Antreten am Schalterfenster, der Reihe nach, um sich der Plage
Kärgliche Löhnung zu holen für die sechs Tage
Der Woche? Wenn nicht, so, um Gottes willen, so seht euch das an,
Denn was der Mann,
Der da die Lohnlisten führt, euch im Blitzlichte flücht'ger Sekunden zeigt,
Ist ein Begebnis, das in seiner Phantastik allen Begriff übersteigt.

Bitte also. Man bemühe sich mal. Man habe die Güte.

Rohrleger Schmidt naht und empfängt seine Tüte.
Er tat sechs Tage seine Pflicht;
Und er hat das Empfinden: es stimmt was nicht.
Denn es langt nicht hin und es langt nicht her,
Und er rechnet nochmal, und es wird nicht mehr.
Denn mit Rohrleger Schmidts Lohn, wißt ihr, ist das ein seltsames Ding, traun!
Da sitzt beispielsweise in Cincinnati ein Mister John Brown,
Handelt mit Zucker, lebt gut, unterhält eine Jacht,
Eine Barsoi-Koppel, weil's Spaß ihm macht,
Mit einem Worte, er braucht viel Moneten.
Und da ist es auf diesem Planeten
So eingerichtet und adjustiert,
Daß Mister John Brown an Schmidts Wochenlohn partizipiert.
Natürlich nicht so, daß Schmidt etwas wittert,
Schmidt ist von tausenderlei Gitter umgittert.
Hat bloß das Empfinden, es stimmt was nicht,
Und tat doch sechs Tage lang brav seine Pflicht....
Drum grübelt er so und wundert sich so
Am Wochenschluß im Lohnbureau.

Oder aber, da kriegt für Kostgeld, Kleidung und Miete
Die Grete Müller ihre Tüte.
Ach, Grete Müller, kennst du die schöne Yvonne in dem schönen Bordeaux?
Die Mätresse des Herrn Soundso?
Sie geht in Seide und in Seal,
Und der Schneider, du weißt ja, er kostet sehr viel.
Und so ist es nicht weiter verwunderlich,
Ach, Grete Müller, du wunderst dich.
Auch du zahlst an Yvonne im schönen Bordeaux
Am Wochenschluß im Lohnbureau! —

Im Lohnbureau am Wochenschluß
Kommen die Ströme des Geldes in Fluß,
Die da in funkelnden Sälen münden,
Lichter um Lichter dem Reichen entzünden.
Am Wochenschluß im Lohnbureau
Hat der arme Mann Sorge und der reiche ist froh.
Das, was dir fehlt am Wochenend,
Versäuft in der Bar der prassende Gent.
Und was dem Kind auf den Rippen fehlt,
Der Schieber in klebrigen Fingern hält,
Und was der ehrlichen Arbeit gebührt,
Die Hure an die Lippen führt.
Das Manko deiner Wochentage,
Es tanzt in St. Moritz und fährt Ski in Braunlage.
Und was dir fehlt zum warmen Bett,
Das wirbelt in Zoppot im runden Roulett.

Am Wochenschluß im Lohnbureau
Hat jeder seinen Partner wo,
Dem zahlt er den Sekt und das Huhn in Aspik,
Die Seide, den Pelz und die Ballmusik,
Das schimmernde Haus und den funkelnden Saal,
Des Lebens schallendes Bacchanal.
Und steht beiseite und steht im Dunkel
Und denkt beim fernen Freudegefunkel:
Dem einen die Garbe, dem andern das Stroh
Am Wochenschluß im Lohnbureau!

Fr. Wendel

Die Verfassung des Deutschen Reichs

Referenten-Entwurf von Hans Bauer

Abschnitt A. Reich und Länder.

Artikel 1.

Der Staatsgewalt geht das Volk aus.

Artikel 2.

Das Reichsgebiet zerfällt in 17 Länder.

Abschnitt B. Der Reichstag.

Artikel 3.

Der Reichstag besteht aus den Innungs-Obermeistern, den Verbandssyndici und den Vorsitzenden der Landwirtschaftskammern. Einzelheiten regeln die Arbeitgeberverbände.

Abschnitt C. Reichspräsident und Reichsregierung.

Artikel 4.

Reichspräsident ist der jeweils rangälteste General.

Artikel 5.

Der Reichspräsident ist souverän. Er kann vorübergehend auf einen Teil seiner Machtbefugnisse zugunsten des Reichstags verzichten.

Artikel 6.

Der Reichskanzler und die Reichsminister müssen dem Adel der Nation entstammen. Sie bedürfen zu ihrer Amtsführung des Vertrauens der Reichswehr.

Allen Beschlüssen der Reichsregierung gegenüber muß das Volk zurücktreten.

Abschnitt D. Die Reichsgesetzgebung.

Artikel 7.

Die Gesetzgebung wird den Parteien erlassen.
Die Gesetze werden zur Not verordnet.

Abschnitt E. Die Rechtspflege.

Artikel 8.

Die Richter sind vom Gesetz unabhängig.

Die Angeklagten sind vom Wohlwollen der Richter abhängig.

Die Regel bilden Ausnahmegerichte.

Abschnitt F. Grundrechte und Grundpflichten.

Artikel 9.

Alle Deutschen haben das gleiche Recht auf Hunger.

Es herrscht Freizügigkeit. Alle Deutschen können an einem beliebigen Orte des Reiches und in einem beliebigen Nahrungszweige in Konkurs gehen und den Offenbarungseid leisten.

Artikel 10.

Jeder Deutsche hat das Recht, seine, den Maßnahmen der Regierung zustimmende Meinung, durch Wort, Schrift, Druck, Bild oder in sonstiger Weise frei zu äußern.

Artikel 11.

Die Beschränkung der Zensur wird aufgehoben.

Artikel 12.

Der Ehe, als Grundlage des Familienlebens, darf, soweit sie im Tonfilm, im Rundfunk und auf der Schaubühne behandelt wird, nichts Problematisches innewohnen.

Artikel 13.

Zu den öffentlichen Aemtern sind unterschiedslos alle Staatsbürger zugelassen. Als Staatsbürger gilt, wer sich nicht zu einer marxistischen Partei bekennt.

Artikel 14.

Die Unternehmer sind vor den ausbeuterischen Gelüsten der Jugend zu schützen. Näheres regelt das Arbeitspflicht-Gesetz.

Artikel 15.

Alle Deutschen haben das Recht, ihre Steuern pünktlich zu entrichten und sich zu diesem Zwecke, bewaffnet mit einer Brieftasche, ohne Anmeldung oder besondere Erlaubnis, vor den Finanzämtern zu versammeln.

Abschnitt G. Religion.

Artikel 16.

Die Freidenkerorganisationen werden aufgehoben. Ihre Mitglieder werden den bestehenden Religionsgesellschaften eingegliedert.

Die Anstellung der Lehrer an den Volks- und höheren Schulen erfolgt von den Konsistorien und Episkopaten. Bei Anstellung des Turnlehrers hat der örtliche Ausschuß für bessere Olympia-Erfolge beratende Stimme.

Abschnitt H. Bildung und Schule.

Artikel 17.

Die Kunst, die Wissenschaft und ihre Lehre sind frei von Kulturbolschewismus. Kulturbolschewismus umfaßt Nacktbaden, Jazzmusik, Psychoanalyse, Bauhäuser, Magazine (mit Ausnahme der Scherlschen und der Pulvermagazine), die Relativitätstheorie sowie jede Art von Literatur, bei der es sich nicht um deutsches Schrifttum handelt.

Abschnitt I. Wirtschaftsleben.

Artikel 18.

Dem Eigentum wird gewährleistet, daß es sich nur erwerben kann, wer sich als Eigentümer bereits bewährt hat.

„Freiheit"

„Endlich hat die Schwarzschlächterei ein Ende, du wirst in voller Freiheit geschlachtet und hängst morgen als Schinken, Speck und delikate Wurst in meinem Laden."

Deutschland verdunkelt sich

1927 - 1933

Der wahre Jacob 1929

Zeichnung von Willibald Krain

Ball zum Besten der Armen

„Ball zum Besten der Armen! Weißt Du auch, warum das so genannt wird? Weil die Armen immer zum besten gehalten werden!“

Zeichnung von Willibald Krain

Lebende Wesen

„Gut warm halten, Johann, so ein Motor ist wie ein lebendes Wesen!"

Von Baum zu Baum

Zeichnungen von Willi Steinert

So fängt's an —

und so hört's auf!

Zeichnung von Willi Steinert

Stillegung

„Den Betrieb hab' ich stillgelegt – endlich kann ich mich in Ruhe meiner Vermögensverwaltung widmen!"

Zeichnung von Willi Steinert

Vom Unternehmer-Jargon

„Zehnprozentige Lohnzulage? Ausgeschlossen! Wissen Sie, was das bedeutet? Das bedeutet den sicheren Ruin!“
Der Gewerkschaftssekretär: „Das haben Sie noch jedesmal gesagt, Herr Direktor! Und wir sind auch hinter den Sinn des Wortes gekommen, nämlich: daß es vom ‚sicheren Ruin‘ bis zum Ruin noch ein weiter Weg ist!“

Zeichnung von Karl Holtz

Es muß etwas geschehen!

„Was verdienen jetzt unsere Arbeiter?" — „Durchschnittlich 30 Mark Wochenlohn, Herr Direktor!" — „Hm. Tja. Sagen Sie mal, wie kommen die Leute damit eigentlich aus?" — „Das ist ein Problem, Herr Direktor!" — „Aber da muß doch was geschehen! Erlauben Sie gütigst, da muß doch was geschehen!! Also, lieber Syndikus, nicht wahr, Sie richten a tempo ein Statistisches Bureau ein, das da feststellt, in welcher Weise die Leute mit ihren 30 Mark auskommen!"

Zeichnung von Jacobus Belsen

Die Generalanzeiger-Presse

Der Arbeiter, der dafür sein Geld ausgibt, sei versichert: er wird von diesem Kohl nicht fett werden!

Zeichnung von Karl Holtz

Sehr richtig . . .!

„Unsere Objektivität ist über allen Zweifel erhaben. Erst die politische Betrachtung macht unsere Erkenntnisse zu politischen Tendenzurteilen!"

Zeichnung und Gedicht von Willibald Krain

Die alte Näherin

Sie näht und näht. Der Mittag schwimmt
Im Hofe zäh und breit.
Fliegen summen. Das Fenster glimmt.
Zum Ruhen keine Zeit.
Die Nähte eilen. Blendend geht
Das Kleid in ihrer Hand.
Die Braut will nicht mehr warten, steht
Im Kalender an der Wand.

So geht das immer. Jahr um Jahr
Schmückt sie schon Braut um Braut.
Manchmal an glänzendem Altar
Sie still ihr Werk beschaut. —
Doch über fremdem Fest und Glück,
Maschinenlärm und -stich
Blieb nie ein Fleckchen Zeit zurück,
Ein Rest fürs eigne Ich.

Sie sitzt und zieht von früh bis spät
Der Fäden Zeilenspur —
Und emsig mit ihr sticht und näht
Die kleine Stubenuhr
In nie zu Saum gebrachtem Rund
Ihr graues Seufzerkleid.
Es fältelt ihr an Stirn und Mund
Die Konkurrentin: Zeit.

Die Naive

„Mein Chef steigt mir nach?

Er wird mir die Gehaltserhöhung bringen wollen!"

Der wahre Jacob 1928

Eine neue Versuchung des Hlg. Antonius

Zeichnung von Willibald Krain

Der Heilige Antonius von Padua
wurde sehr unruhig, als er das sah,
und seufzte und sagte: ich möchte schon gerne
da mittun und nicht bloß so zuschau'n
aus trennender Ferne!

Ihr holden Gestalten, ach, wär' es doch möglich!
Ich sehne nach euch mich wirklich unsäglich!
Wer aber hilft mir aus ekligen Nöten,
wenn dann meine Zentrumsarbeiter
heftig e r r ö t e n?!

Zeichnung und Verse von Willibald Krain

Fabrikschluß

Wenn die Sirene heult, hellen sich tausend Gesichter,
stirbt der Maschinenschrei, erstarren die Hebel und Hämmer.
Wenn die Sirene heult, schrumpfen die giftigen Lichter
in den Sälen der Fron zu kurzem, lauerndem Dämmer.

Wenn die Sirene heult, stocken die Zahlen und Zeilen
in dem gehetzten Schlag über den rollenden Bogen.
Wenn die Sirene heult, können sich wieder steilen
Rücken, welche der Tag zwingend niedergezogen.

Zwischen Sirenengeheul und dem Geheul der Sirene
klappert das Rädlein der Not weiter im anderen Gleise.
Aber Stündlein des Glücks, kurze, heiße und leise,
flechten ins Sorgengestrüpp karge heimliche Lehne.

Zeichnung von Willi Steinert

Der Unternehmer redet

„Also 20 Pf. Lohnerhöhung pro Stunde, und Sie wollen von der Forderung nicht abgehen! Aber wie kann man nur, meine Herren! Wie kann man nur so kleinlich sein, meine Herren! Bedenken Sie doch, was sind schon lumpige zwei Groschen!“

Das Lohnbureau

„Das also ist die Stelle, wo mir in jeder Woche einmal Millionen von Knüppeln zwischen die Beine geworfen werden!"

Trauriges Erlebnis des Privatiers Huber auf einer Münchener Redoute

Zeichnung von Jacobus Belsier

und es kam zu überaus bedauerlichen Folgen für Herrn Huber!

An den Ufern der Wolga

Zeichnung von Jacobus Belsen

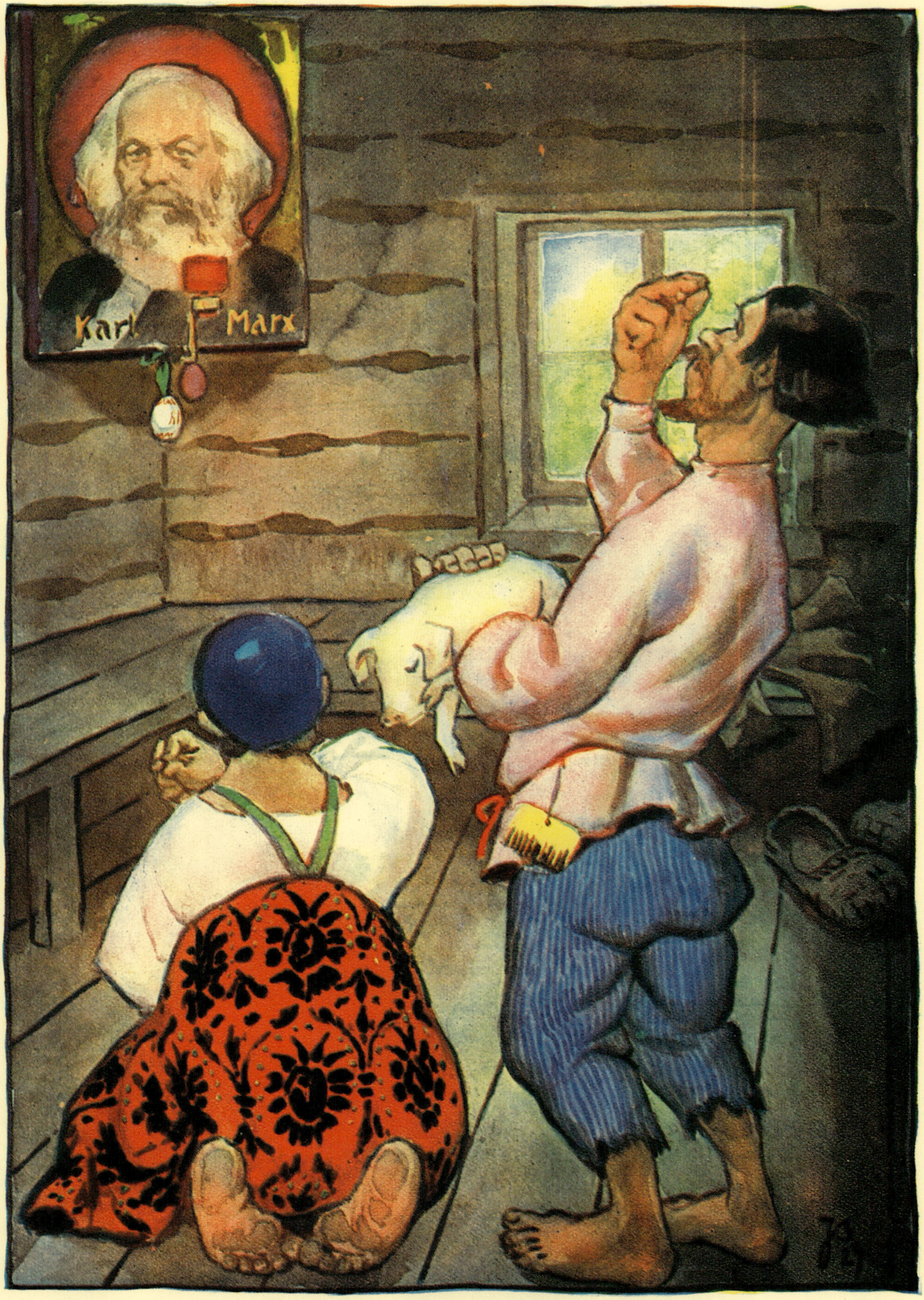

„Hab' Erbarmen und mach' das Schweinchen gesund! Eine Wachskerze, wenn's der Kommissar auch nicht gern sieht, geloben wir dir!"

Willibald Krain:

Die reiche Heirat

Der wahre Jacob 1928

Zeichnung von Willi Steiner:

Sport

„Halt' die Fresse von Politik, dämliches Frauenzimmer — hier herrscht Klasseneintracht!"

Aussperrungen

Zeichnung von Jacobus Belsen

Die Unternehmer seien gewarnt! Leicht kann geschehen, daß auch sie einmal ausgesperrt werden, aber das dürfte dann eine Aussperrung auf immer werden!

Der Wahre Jacob

Nr. 12 | Illustrierte Zeitschrift für Satire, Humor und Unterhaltung | Preis pro Nr. 30 Pf.
Jahrg. 1928 | Berlin, den 9. Juni 1928 | 49. Jahrg.

Die Mechanisierung des Arbeiters

Zeichnung von Willibald Krain

Sie wollen den Menschen zur Maschine machen. — Wenn aber ein Mensch soviel kosten würde, wie eine Maschine, würden sie wahrscheinlich schnell wieder Abstand nehmen!

Zeichnung von Willibald Krain

Abfahrt der Ferienkolonie

„ . . . Und jeh' nich zu dichte an die Ostsee 'ran, det de nich rinfällst!"

Zeichnung von Willi Steiner

Die Schülerselbstmorde

Um die deutsche Jugend zu ertüchtigen, gibt es zwei Mittel: im Krieg die Kugel und im Frieden das Schulzeugnis.

Die Industrie

Zeichnung von Willi Steinert

„ . . . Untragbare Situation . . . schwierigste Lage . . . wir brechen zusammen . . . jedermann sieht es . . . wir können einfach nicht mehr . . . wie gesagt, untragbare Situation . . . !" Usw. usw. usw.

Zeichnung von Willi Steinert

Wirtschafts-not und Kapital

Hoch und höher steigt die Flut,
Prost, Direktor, uns geht's gut!
Wie auch mag die Krise toben,
Altes Sprichwort:
Fett schwimmt oben!

Zeichnung von Karl Holtz

Der liebe Gott, der § 166 StGB. und die Satiriker

Der liebe Gott: „Schade, Kinder, daß man euch jetzt so scharf ans Leder geht — ihr habt euch meiner immer so brav angenommen!"

Zeichnung von Willibald Krain

Nicht auszudenken!

„Die Selbstmordziffer steigt in rapider Weise! Und da verlangt die Linke noch eine Lockerung des § 218!"

Der Wahre Jacob

Nr. 6 Illustrierte Zeitschrift für Satire, Humor und Unterhaltung Preis pro Nr. 40 Pf.

Jahrg. 1929 Berlin, den 16. März 1929 50. Jahrg.

Das notleidende Unternehmertum

Zeichnung von Willi Steinert

„Jammern, meine Herren, feste jammern! Damit das Volk nicht hört, wie hinten der Profit klimpert!"

Zeichnung von Willibald Krain

Der Lenz ist da

„Wie bitte? Ob ich Dir mit Kokain aushelfen kann? Leider nein! Ich muß selber drei Frühlingsgedichte schreiben!"

Herr Schnüffler

Zeichnungen und Verse von Willibald Krain

Herr Schnüffler strich durchs Dünengras
mit Späherblick und scharfem Glas.

Er sucht nach Dicken in den Dünen,
nach Dünnen in des Dickichts Grünen!

Insondermaßen Weibliches
Ist unsittlich durch Leibliches

Auch nimmt oft paarweis Sonnenbad,
Wem Eh'ring fehlt und Feigenblatt!

Doch wie Herr Schnüffler sich auch müht,
kein Schund- und Schmutzgewächs erblüht.

Ha! — bis er aus den Hügeln fuhr:
Er sah den — Busen der Natur!

Zeichnung von Karl Holtz

Der Nutzen

„Das ist doch auch kein großer Nutzen für Sie, wenn Sie uns die paar Pfennige Lohnerhöhung verweigern, Herr Direktor!"
„Da haben Sie Recht. Der Nutzen ist gering. Die Banken geben nicht mehr als 8 % Zinsen!"

Zeichnung von R. Pfaehler v. Othegraven

Nationales Männer-Quartett

zur Jubelfeier der deutschen Republik

Heute wollen wir den Schmerz besingen,
der das schwarz=weiß=rote Herz durchbebt,
und uns nochmals zu Bewußtsein bringen,
was wir in zehn Jahren ham erlebt,
wie wir immer neu versuchten,
dieser dreimal gottverfluchten
und verruchten Republik
umzudrehen das Genick.

Anno Kapp auf frohbewegten Sohlen
zogen wir durchs Brandenburger Tor,
um des Sieges Palme uns zu holen,
wie ein Erhard=Eid es uns beschwor.
Ludendorff stand selber Schmiere
vor der angebohrten Türe.
Leider ward, wie das so geht,
mangelhaft das Ding gedreht.

Anno Stinnes dann mit klugen Kniffen
haben wir es andersrum versucht.
Brav in fremde Taschen ward gegriffen
und ein stattlicher Erfolg verbucht.
Leider blieb nicht, was uns stärkte,
weil das Volk den Schwindel merkte,
auf der Höhe der Billion
Streikte plötzlich die Nation.

Auch mit wohlgezielten Projektilen,
wie im Falle Walter Rathenau,
konnten wir Erfolge nicht erzielen,
und es wankte leider nicht der Bau.
Ja, die Chancen wurden trüber
für das brave Kleinkaliber.
Doch es kam die Zeit ins Land,
da das Tarnen man erfand.

In getarnten Formationen schürte
weiter man des heiligen Feuers Herd.
Wer den Zweck, den edlen, nicht kapierte,
ward durch unsern Klapproth dann belehrt.
Femeheimlich unter Eichen
liegen Dutzende von Leichen,
deren Mund euch gern bekennt,
was man vaterländisch nennt.

Darauf scharte rauhe Bajuwaren
Adolf Hitler unterm Hakenkreuz.
Wadenstrumpfverpackte Heldenscharen
jubelten Triumph dem Sohne Teuts.
Hochentflammt und starkbegeistert
hat Tapeten er gekleistert,
wo man klar und offenbar
sah die jüdische Gefahr.

Hier auch wieder sah man Erich Luden=
dorffen kühnen Muts zum Angriff gehn
wider jene sehr verdächt'gen Buden,
die im Lande freivermauert stehn.
Aber an der Feldherrnhalle
kam der große Mann zu Falle,
und das Loch, in das er kroch,
zeigt man Fremden heute noch.

Ach, es wären noch so viele Pläne
zu erwähnen, die die Hoffnung wob!
Gründlich hat verwandelt sich die Szene,
da nun alles auseinanderstob!
Eine sanfte Philomele,
singt die nationale Seele
nur noch rings um Sanssouci
ein beklommnes Lütiti.

Auch wenn Hugenberg sich transatlantisch
rührig negativen Sinns bemüht,
finden wir die Sache nicht gigantisch,
und die Trauer nistet im Gemüt.
Alfred keine „Nachtausgabe"
bringt uns Trost und bringt uns Labe!
Leider auch mit gleichem Maß
mißt man deinen Freund, den Claas!

Drum so wollen wir den Schmerz besingen,
der das schwarz=weiß=rote Herz durchbebt.
Weimar leider ist nicht umzubringen,
und die deutsche Republik, sie lebt.
In gedrückten Harmonien
sieht man uns das Maul verziehen.
Vater Wodan ändre dies.
Uns ist mies!

F. W.

Vermögens-Verschiebung

Zeichnung von Karl Holtz

„Schmutziges Geld! Das Vaterland soll nicht damit besudelt werden! Ich werde es im Ausland deponieren!“

Zeichnung von Günther Wagner

Der neue Abtreibungs-Paragraph

Der § 218: „Freut mich, Herr Kollege, daß Sie mein Amt ganz in meinem Sinne weiterführen werden!"

Zeichnung von A. Leicht

Das Elend

„Den § 118 möchten sie verewigen, aber die Arbeitslosen-Versicherung möchten sie heute noch streichen!"

Arbeitslosen=Versicherung

„Soll'n se 2 Kartoffeln essen dürfen? Soll'n se 3 Kartoffeln essen dürfen? Das sind verflucht schwierige Fragen, die man nicht so im Handumdrehen lösen kann!"

Zeichnung von Lothar Reiz

Einer empört sich

„Nu sieh dir das an! Da stehen se stundenlang, um billiges Futter zu jreifen, anstatt zu arbeiten!"

Lokalnotiz:

Zeichnung von Jacobus Belsen

Das Auto des Generaldirektors X., des bekannten Leiters der Fusionsbank, blieb gestern im Schnee stecken. Glücklicherweise verfügte das städtische Arbeitsamt über genügend arbeitslose Bankbeamte, die sofort als Schaufel-Kolonne in Aktion treten konnten.

Frohe Botschaft

Zeichnungen von Willi Steinert

„Siehe, ich verkündige euch große Freude!“

„Ja, und? Welche Tips können Sie uns nennen!“

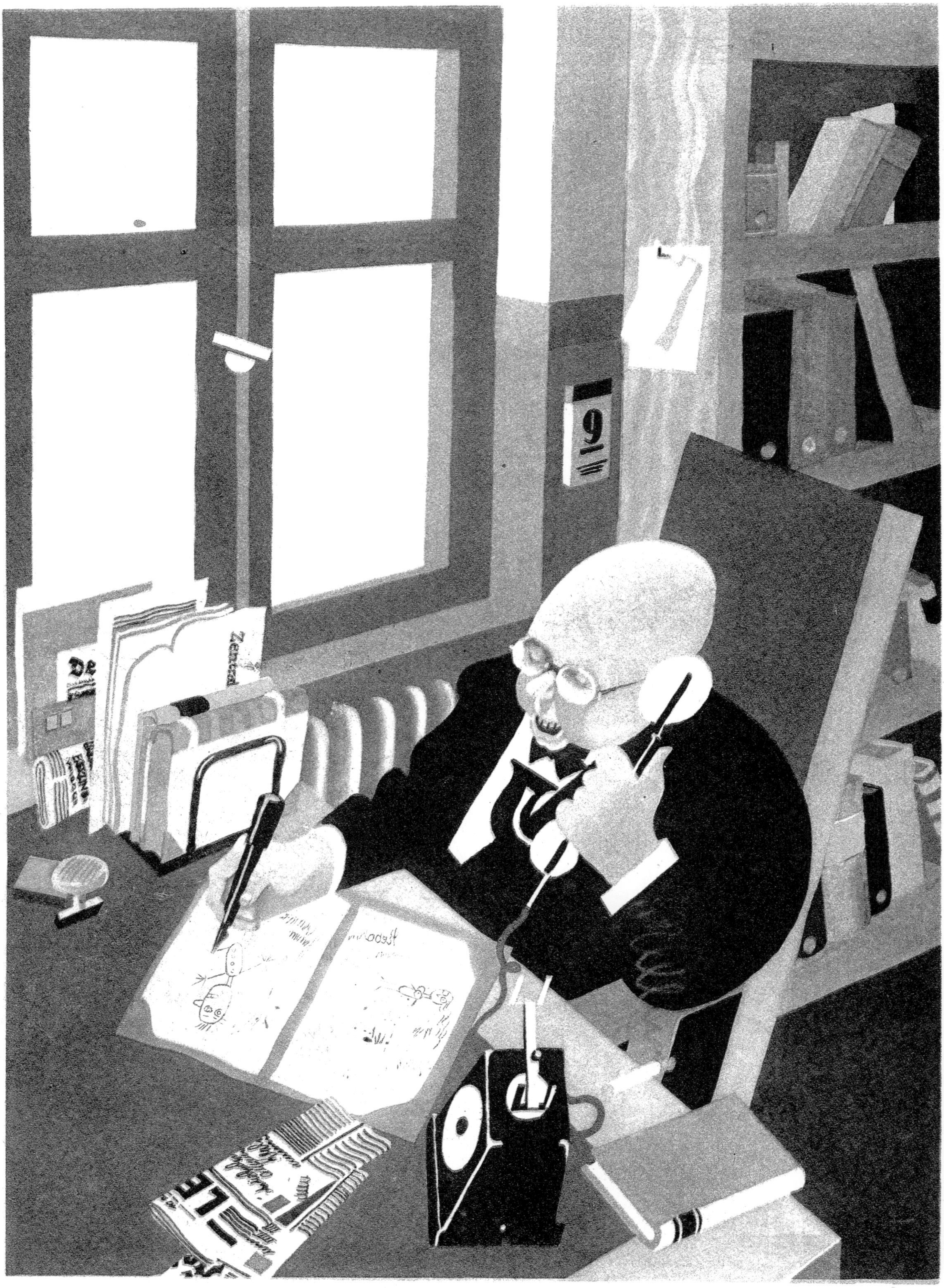

Zeichnung von Karl Holtz

Hier General-Anzeiger, Lokal-Redaktion

„Wie? Ein Arbeitsloser hat sich erhängt? Ach, kommen Sie doch nicht immer mit diesen Alltäglichkeiten!"

Der Herr Generaldirektor äußert sich über die Arbeitslosigkeit

Ich höre die Leute immer sagen, daß die Arbeitslosigkeit ein Unglück ist. Das kann ich nicht finden, es lebt sich doch ohne Arbeit ganz schön — man muß es natürlich dazu haben.

Wer es nicht dazu hat, der muß eben arbeiten, das ist doch ganz einfach. Da sagen die Leute immer, es gibt viele, die wollen arbeiten und dürfen nicht. Das ist ja doch Unsinn. In meinem Betrieb jedenfalls habe ich noch keinem das Arbeiten verboten — und bei mir kann jeder arbeiten, wenn er gebraucht wird.

Die Leute, die immerfort erzählen, daß es so viele Arbeitslose gibt, weil so viele entlassen und nicht gebraucht werden, das sind natürlich Dummköpfe. Wenn ich einen Arbeiter entlasse, dann kann er doch trotzdem arbeiten, soviel er will. Das verbietet ihm ja keiner. Ob ihm das einer bezahlt, ist ja eine ganz andere Frage.

Aber das hat ja mit der Arbeitslosigkeit nichts zu tun. Sehen Sie, in meinem Betrieb, da gibt es Leute, die arbeiten und die gebraucht werden — und was bezahlt man ihnen schon dafür? Und dann gibt es Leute, die garnicht gebraucht werden — von mir will ich nicht reden, aber sehen Sie sich die verehrten Herren vom Aufsichtsrat an — die werden trotzdem ganz gut bezahlt. Also das mit der Bezahlung und das mit dem Arbeiten — nein, das hat garnichts miteinander zu tun.

Wovon die Leute leben sollen, die nichts haben, das geht mich doch garnichts an. Da misch' ich mich nicht ein, wissen Sie. Das hat ja auch mit dem Geld garnichts zu tun. Sehen Sie, wenn wir von der Industrie nicht wären, dann hätte das ganze Geld keinen Sinn — denn wenn nichts produziert wird, kann doch keiner was kaufen, und wenn er noch soviel hat. Also mit dem Geld hat das garnichts zu tun.

Aber daß wir von der Industrie noch was für die Leute geben sollen, die kein Geld und keine Arbeit haben, das ist doch einfach lächerlich. Sehen Sie: wir brauchen doch nur zweierlei Menschen. Solche, die für uns arbeiten, und solche, die unsere Waren verbrauchen. Gegen Leute, die nicht arbeiten, hab ich garnichts. Aber die müssen uns doch wenigstens was abkaufen können. Sehen Sie, die Herren vom Aufsichtsrat zum Beispiel, die tun das. Aber diese Arbeitslosen — an denen haben wir doch gar kein Interesse.

Wir wollen doch verdienen. Wir können doch nichts wegschenken. Das verträgt sich einfach nicht mit der Bildung. Und wir von der Industrie, müssen Sie wissen, wir sind immer für Bildung gewesen. Für Kapitalbildung natürlich, das versteht sich ja von selbst.

G—g

Der Versuch einer nationalistischen Zellenbildung in der Reichswehr

ist geglückt . . .

Der Herr Direktor

Zeichnungen von Willibald Krain

„Ja also, die Arbeitslosigkeit! Das Problem muß einmal gründlich durchdacht werden!"

„— — — — — — — — — —"

„— — — — — — — — — —"

„Tja! Man muß sie aus der Welt schaffen, sonst geht's nicht gut!"

Zeichnuug von Karl Holtz

Preisfrage: Wovon raucht der nationalsozialistische Schornstein?

Der wahre Jacob 1930

Die Beruhigung

Zeichnung von Willibald Krain

„Manchmal mache ich mir Gedanken darüber, daß man so jahraus, jahrein von seinem zureichenden Bank-Konto lebt. Aber wenn ich mir dann die Arbeitslosenziffer daheim ansehe, bin ich wieder beruhigt: wollte unsereins auch noch arbeiten, wär's ja noch schlimmer für die armen Leute!"

Zeichnung von Willi Steinert

Das Kabinett Brüning

Hübsch stillhalten muß das Proletariat, sonst hat die Sache keinen Bestand!

Zeichnung von Lothar Reiz

Der Sonntags-Ausflug

„Wohlauf! Die Luft geht frisch und rein . . .!“

Zeichnungen von L. Madras

„Herrlich ist das doch, wenn die Sonne scheint!“

Nils Stenbock: Der Streber

Nationalsozialismus

„Achtung! Genau herhören! Wir behandeln das Thema: Reinigung Deutschlands! Diese Reinigung hängt eng zusammen mit der Reinigung eurer Schußwaffen! Man nimmt dazu . . .“

Zeichnung von Werner Saul

Die Wahlpredigt

„Und habt ihr heute nichts, liebe Christen, so hadert nicht und lästert nicht, sondern betet zu Gott, er wird euch morgen das Doppelte geben!“

Der Wahre Jacob
№ 22
51. Jahrg.
BERLIN, 25.10.1930
Preis 30 Pfg.

Zeichnung von Willi Steinert

Zur nationalsozialistischen Frage
Es ist ein physiologisches Gesetz: jede Besoffenheit nimmt einmal ihr Ende!

Der wahre Jacob 1930

Zeichnung von Willi Steinert

Sachsengänger

„Nur herein, meine Herren! Unsere deutschen Arbeitslosen sind so entkräftet, daß sie geschont werden müssen!"

Die Entlassung

„. . : Und hier sind Ihre Papiere . . . und es tut uns, wie gesagt, aufrichtig leid . . . und . . . und . . und lassen Sie es sich recht gut gehen!"

Weltwirtschaftskrise

„Ja also, die Lage ist die und der Umstand ist der: wenn doch bloß einer käme, den Karren aus dem Dreck zu ziehen!“

Versprechungen
Unzweifelhaft werden sich die Arbeiter im Dritten Reich wie im Himmel füh-len . . . !

„Wenn Köpfe rollen, fällt vielleicht auch einer für mich ab!"

Der wahre Jacob 1931

Das Firmenschild

Zeichnung von Jacobus Belsen

Vor den Proleten

und vor den zahlungsfähigen Kreisen!

Zeichnung von
Rud. Herrmann

Die Stütze
der
Hausfrau..

Der Gipfel der Techno-Idiotie

„Donnerwetter, war das ein feiner Wagen! Ich glaube, das war das neue Herkules-Modell!"

Zeichnung von H. Wilkens

Nº 12

DER WAHRE JACOB

BERLIN, DEN 6. 6. 1931
52. JAHRG. PREIS 30 PF

Zeichnung von Karl Holtz

Die verschiedensten Kreise fordern die Ausweisung Hitlers. Wir wenden uns mit Entschiedenheit gegen diese Forderung! Man kann unsere Beziehungen zum Ausland nicht dadurch schädigen wollen, daß man irgend einem Staat diesen Mann aufhalst!

Zeichnungen von
Willibald Krain

Na endlich wird uns aufgefüllt!
Der Hitler allen Kummer stillt!

Der Suppentopf war leider leer —
Dies freut den Nazi weniger!

**. . . oder
Dumme gesucht!**

Zeichnung von Werner Saul

Auf den Krücken der Kredite

Und knüpfen ans fröhliche Ende den fröhlichen Anfang an . . . !

Zeichnung von
Gerhard Holler

Vom freien Spiel der wirtschaftlichen Kräfte

Der Arbeitsmarkt

Das Aktienrecht

Die
freie Konkurrenz

Die
Wertsteigerung

Zeichnungen von
Willibald Krain

Das Rezept

Es muß gespart werden,

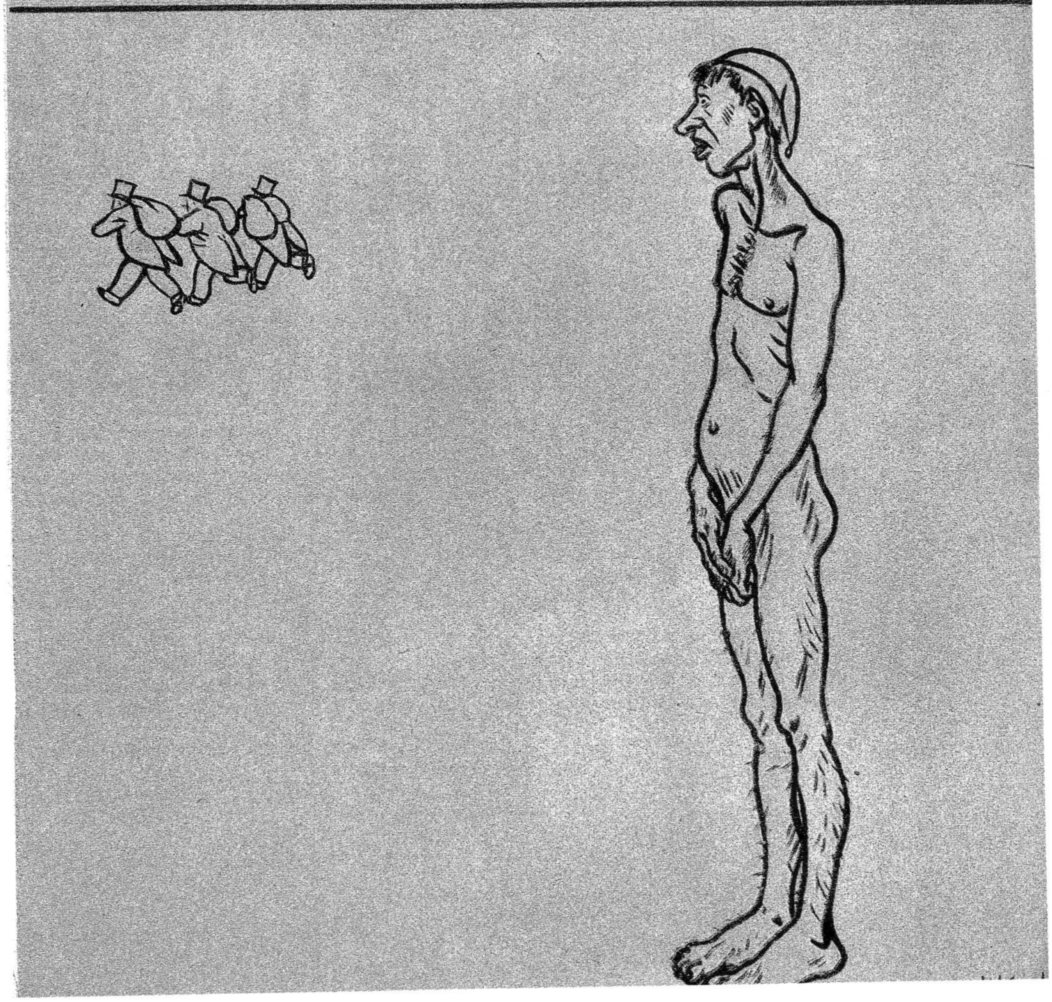

damit die Leute wieder kaufen können!

Zeichnung von Lothar Reiz

Karl Holtz!
Der neue Gott

Zeichnung von Willibald Krain

Es wird kalt

„Wenn sie schon Getreide- und Baumwollen-Ernten verbrennen, sollten sie's wenigstens in meinem Ofen tun!"

Zeichnung von Hans Kossatz

Wir lernen nicht für die Schule,
sondern für das Leben . . .

Der wahre Jacob

NR. 21

Wieder in Freiheit!

53. Jahrgang
Berlin, den 3. September 1932
Preis 15 Rpf.

Zeichnung von Willi Steinert

„Hoffentlich verlassen Sie die Verbots-Zelle gebessert — damit sich doch wenigstens etwas gebessert hat in Deutschland!"

Der wahre Jacob 1932

Nach dem Verbot

Am 28. Juli 1932 wurde der „Wahre Jacob" durch den Berliner Polizeipräsidenten Melcher auf die Dauer von acht Wochen verboten. Das Reichsgericht, eingelegter Beschwerde stattgebend, kürzte das Verbot auf vier Wochen ab. Mit vorliegender Nummer ziehen wir wieder blank.

Einige Worte zu den Untaten, deren wir uns in Nr. 17 schuldig gemacht haben sollen, sind wir unseren Lesern und den Annalen neudeutscher Geschichte schuldig.

Das Titelblatt der Nr. 17 soll kirchliche Einrichtungen und Gebräuche beschimpft haben, weil es eine Hakenkreuz-Guillotine in der Form eines monstranzähnlichen Gerätes zeigte; die Karikatur auf Seite 3 der gleichen Nummer soll dem Herrn Reichskanzler eine „sklavenhafte" Abhängigkeit von der Nationalsozialistischen Deutschen Arbeiterpartei vorgeworfen und ihn dadurch gröblich beschimpft haben.

Was jenes Titelblatt angeht, so stellen wir fest, daß außer den Herren, die uns den Maulkorb umzuhängen beliebten, kein Mensch in Deutschland das behauptete Delikt hat erkennen können. Keine kirchenoffizielle Stelle, keine der zahlreichen konfessionellen Pressekontrollstellen, kein Geistlicher und kein Laie, kein katholisches Blatt hat in der Zeichnung eine Beschimpfung der Monstranz finden können. Wohl aber hat man überall die Karikatur und ihren Text so verstanden, wie sie einzig und allein nur verstanden werden konnten: als leidenschaftlich-bitteren Hohn über die Tartüfferie der Hakenkreuz-Bekenner, die, sich Christen nennend, die Massen-Abschlachtung politischer Gegner für wünschenswert erklärt und inzwischen probeweise versucht haben.

In Sachen der Papen-Karikatur bedauern wir, dem Herrn Polizeipräsidenten von Berlin einige Verlegenheiten bereiten zu müssen. Aus welchen Gründen ist es für ihn in so hohem Maße opportun, eine Abhängigkeit des Herrn Reichskanzlers von der NSDAP. zu bestreiten? Hat der Herr Reichskanzler selber nicht mehrfach seiner Sympathie für die Bewegung des Herrn Hitler Ausdruck gegeben? Ist der Herr Polizeipräsident von Berlin ein so entschiedener Gegner der Nationalsozialisten, daß er, wenn jemand die Abhängigkeit eines hohen politischen Beamten des Reichs von der NSDAP. behauptet, darin ohne weiteres eine grobe Beschimpfung des Beamten erblickt? — ein Standpunkt, den wir hinsichtlich seiner Moral uns ohne Einschränkung zwar zu eigen machen, hinsichtlich seiner juristischen Konsequenzen aber doch lieber nur mit Vorsicht beziehen möchten.

Unseren Lesern, die uns in den Tagen des Verbots durch so zahlreiche kernige Zuschriften erfreut haben, danken wir an dieser Stelle herzlichst dafür. Wir wissen uns einig mit ihnen: wenn die Gegner wollen, daß Deutschland nichts zu lachen haben soll, so sollen sie sich täuschen!

Freiheit!

Die Redaktion des „Wahren Jacob"

Zeichnung von Lothar Reiz

„Seid ihr dienstlich unterwegs?" „Zu Befehl: dritter Zug der Schutz-Staffel auf dem Weg, sich von marxistischem Untermenschentum überfallen zu lassen!"

Erinnerungen an die Verbotszeit

Zeichnungen von Willi Steinert

Der Kampf gegen den Drachen der Karikatur.

Der Schriftleiter sieht Deutschland durch den Maulkorb — niemand kann bestreiten, daß er es auf diese Weise richtig sieht!

Die Karikaturisten stellen sich auf das einzig erlaubte Objekt der Satire um, den Förster-Dackel.

Ein Buchhändler: „Endlich einmal eine Reklame, die sich bezahlt gemacht hat!"

Fünfhundert beschlagnahmte Exemplare der Nr. 17 werden in Ketten abgeführt.

Das Zentrum, dem man imponieren wollte, bleibt gänzlich ungerührt.

Während der Verbotszeit versuchte sich eine schmutzige Konkurrenz in schlagenden Einfällen und knallenden Pointen.

Ein unglücklicher Beamter: „Wie man's macht, ist's verkehrt! Erscheint so ein Witzblatt, lachen die Leute, und verbietet man es, lachen sie erst recht!"

Hamburg, den 13. August 1932

Die Beißzange

Nr. 1

Preis

15 Rpf.

Eine satirische Zeitschrift

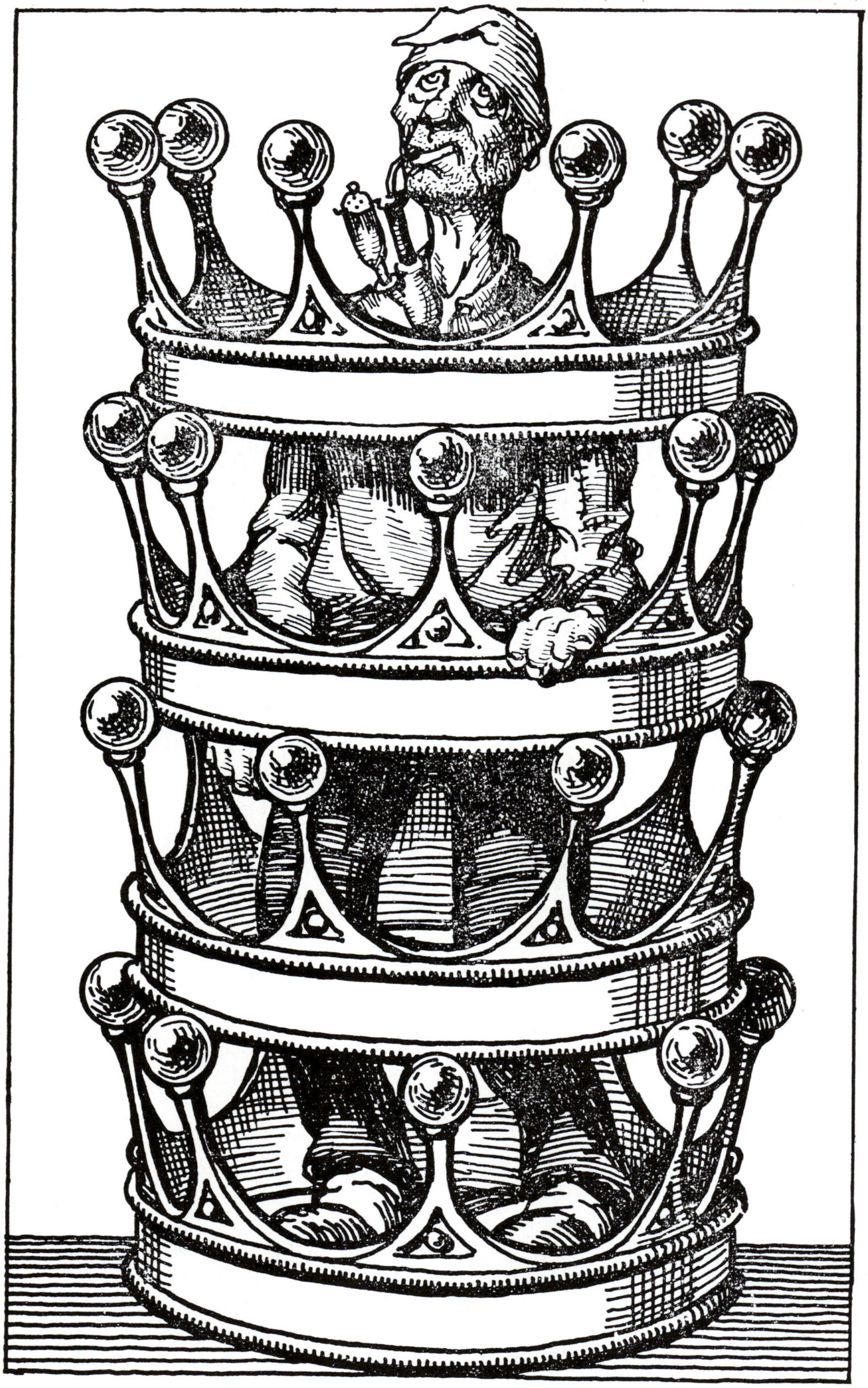

Die vier Freiherrnkronen

Nun sieh' zu, wie du wieder herauskommst, lieber Michel!

Herr v. Papen hat in Preußen mit der Faust auf den Tisch geschlagen!

DER WAHRE JACOB
Nr. 15
53. Jahrgang
Berlin, den 2. Juli 1932
Preis 15 Rpf.
Zeichnung von Willibald Krain
Noch ist es Zeit!
Ballt die Fäuste!
Damit ihr sie nicht eines Tages in der Tasche ballen müßt!

„Lustig, lustig! Soll der Kahn flott bleiben, muß die Ladung über Bord!"

Der wahre Jacob 1932

Zeichnung von Willibald Krain

Mokka-Kojen
oder
Liebe am laufenden Band

Zeichnung von
Willi Steinert

„Das ist falsch ausgedrückt. Der Sinn ist: Hitler wird uns etwas einbrocken, was das gesamte Proletariat auszulöffeln hat!"

Zeichnung von Jacobus Belsen

Zeichnungen von Willibald Krain

Nach wie vor – siehe Theorie des Seifenverbrauchs – ist Deutschland eine Kulturnation ersten Ranges!

Der wahre Jacob 1932

Der wahre Jacob

NR 38

53. Jahrgang
Berlin, den 31. Dezember 1932
Preis **15** Rpf.

Zeichnung von Willibald Krain

Sylvester-Feier

„Na, denn Prost, Herr Generaldirektor! Auf ein glückliches neues Spiel!"

Der Nationalsozialismus (siehe Hitler: „Mein Kampf") wünscht Krieg gegen Rußland, Krieg gegen Frankreich und Krieg gegen die Randstaaten.
Nun, das wird kein Krieg, sondern eine Jagd.
Aber Sie, Herr v. Papen, wird man dann fragen, wer die Bestie aus dem Käfig gelassen!

Vernehmt, ihr Freunde und Genossen,
Die Botschaft, die das Herz erfreut:
Dreihunderttausend Abonnenten
Zählt euer Wahrer Jacob heut'!

Voll Dankbarkeit durchschweift sein Auge
Der lieben Mitarbeiter Schar,
Die in dem Reigentanz der Jahre
Ihm wider Willen dienstbar war;

Die täglich seine Spottlust reizte,
Die Stift und Feder scharf gemacht,
Daß lachend er die Pelle gerbte
Der Dummheit und der Niedertracht.

Sie werden ihm auch fürder dienen,
Von Hohn und Prügeln unbeirrt –
Bis seine nächsten Hunderttausend
Der Wahre Jacob mustern wird!